30秒看世界

30秒认识发明

[英] 迈克·戈德史密斯 著
[英] 克里斯·安德森 绘
叶淑君 译

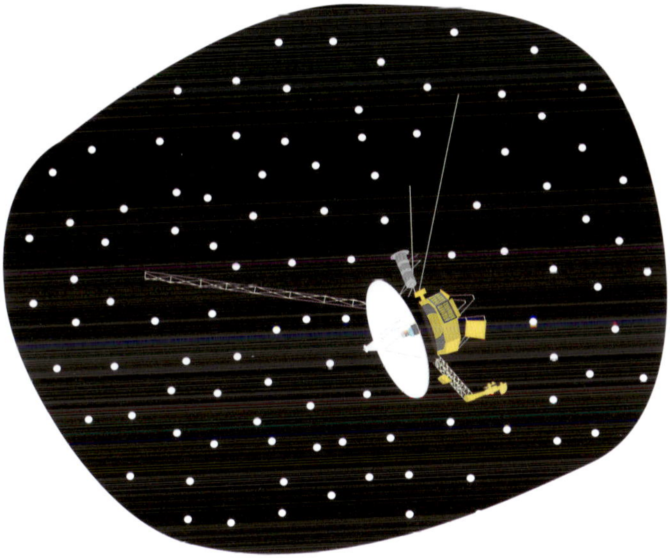

中信出版集团 | 北京

图书在版编目（CIP）数据

30 秒认识发明 /（英）迈克·戈德史密斯著；叶淑君译. -- 北京：中信出版社，2019.7

（30 秒看世界）

书名原文：Inventions in 30 Seconds

ISBN 978-7-5217-0732-8

I. ① 3… II. ①迈… ②叶… III. ①创造发明 – 少儿读物 IV. ① N19-49

中国版本图书馆 CIP 数据核字（2019）第 116918 号

30秒认识发明

著　　者：[英] 迈克·戈德史密斯
译　　者：叶淑君
出版发行：中信出版集团股份有限公司
（北京市朝阳区惠新东街甲 4 号富盛大厦 2 座　邮编　100029）
承 印 者：北京利丰雅高长城印刷有限公司

开　　本：787mm × 1092mm 1/16　　印　　张：5　　字　　数：60 千字
版　　次：2019 年 7 月第 1 版　　印　　次：2019 年 7 月第 1 次印刷
京权图字：01-2018-7505　　广告经营许可证：京朝工商广字第 8087 号
审 图 号：GS（2018）5921 号
书　　号：ISBN 978-7-5217-0732-8
定　　价：460.00 元（全 20 册）

图书策划：见识城邦
策划编辑：肖雪　程时音　　责任编辑：卢建勇　曲沛然　于贺
营销编辑：杨瑛　　装帧设计：象上设计
责任印制：刘新蓉

30秒认识发明

目录

序

60秒介绍

看看你周围：你能数出多少种发明？答案可能是好几百种，而且如果少了它们，生活将截然不同。

我们周围大部分物件的出现，只是因为某个人在某个时间发现了一种需求，并转而去发明创造以满足需求。仔细想想，你能在今天读到这段话，只是因为一千多年前有人发明了印刷术，在此之前人们发明了纸张，以及墨水……甚至书写这个行为本身，也是发明的产物。

谁发明了这一切？当我们谈起发明家，你的脑海里可能会浮现出留着奇怪发型的人，一个人待在实验室里，身边都是奇奇怪怪的小发明。的确，有一些发明家确实是以这样的形象带着他们的发明登场的。但大多数情况下，发明是很多人在相当长的时间段里逐步完善的。有时候，要经过好几位发明家之手，过上好几百年，最初那个聪明的点子才能变成最后真正有效的发明。

到最近一两个世纪，摆在发明家们

面前的大问题都是如何防止他们的创意被其他人偷走。幸好，有人发明了一个能让发明家喜笑颜开的发明：专利。当你为一项发明申请专利时，一个叫作专利局的组织就会检查你的发明是不是已经被别人发明过了，接着，他们会确保没有人不经允许复制你的发明。

好的发明家和好的科学家、数学家或是工程师不同的地方在于，发明家们不需要花大量的时间在学校、学院或是大学里。很多发明家只需要有一个好点子并且坚持实现它。所以，每个人都可以成为一位发明家，甚至是你！

在这本书里，你将见到30项世界上最好的发明。每项发明都有一页与它有关的故事，如果你的时间不充裕，还有个快速总结。接着，在任务部分，你就可以大展身手了：做个指南针，制造电流，测量微波，为火箭提供能源，发明一个超人类的植入体，甚至更多！

让生活容易些

许多发明的最初目的就是让生活容易些。在古代，人们只能利用大自然已有的东西，用灌木搭建简陋的房子，用中空的骨头做杯子，用野兽的毛皮做衣服。渐渐地，一类让我们的生活变得容易和舒服的发明出现了，例如纺织、抽水马桶、集中供暖还有电灯泡，而到今天我们都已不再认为它们是“新”发明。

纺织

30秒大揭秘

衣物、毛毯、毛巾、帘子、地毯——很难想象没有它们的生活。但曾有数千年的时间，所有人类不得不穿着兽皮遮体、保暖，盖着兽皮睡觉。

接着，大约6 000年前，有人发现某些特定植物的纤维和动物的绒毛可以被扭成一束，并被纺成长且不易断开的线或纱。最早的纱可能是亚麻，由外形与芦苇相似的亚麻草制成。接着，包裹着棉花种子的毛茸茸的部分，以及绵羊的绒毛都被用来制成棉线和毛线。

但是，人们是怎么利用这些线来做衣服和其他有用的东西的呢？靠纺织！第一台纺织机可能是在古埃及发明的，这个想法很快传遍了世界。在18世纪，人们把许多大纺织机放在同一个地方，这就成了最初的工厂。19世纪，人们用蒸汽来推动更大的纺织机。到了20世纪，电力成为纺织机的能源，现在依然如此。

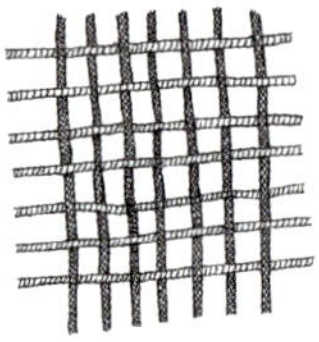

3分钟任务

纺织

你需要：2张有颜色的纸（其中一张比另一张颜色浅）、剪刀、PVA胶水（乳胶）

将第一张纸剪成12条，每条长12厘米，宽1厘米，第二张纸也剪成同样的12条。

将每一条纸从上和下穿过其他纸条，拼一个正方形，并将每一条纸的末端粘住。试着拼出别的形状或者用四种颜色来拼。如果颜色浅的那张纸更窄，看看会发生什么。

3秒钟总结

纺织使线成为布。

许多布料的制作方法几千年来没有变化：从动物身上取下毛，纺成纱，接着在纺织机上纺织出衣物

绵羊的毛被剪下、清洗、染色，再纺成长纱

在纺织机上，[illegible]梭子将纬纱从上和下穿过经纱

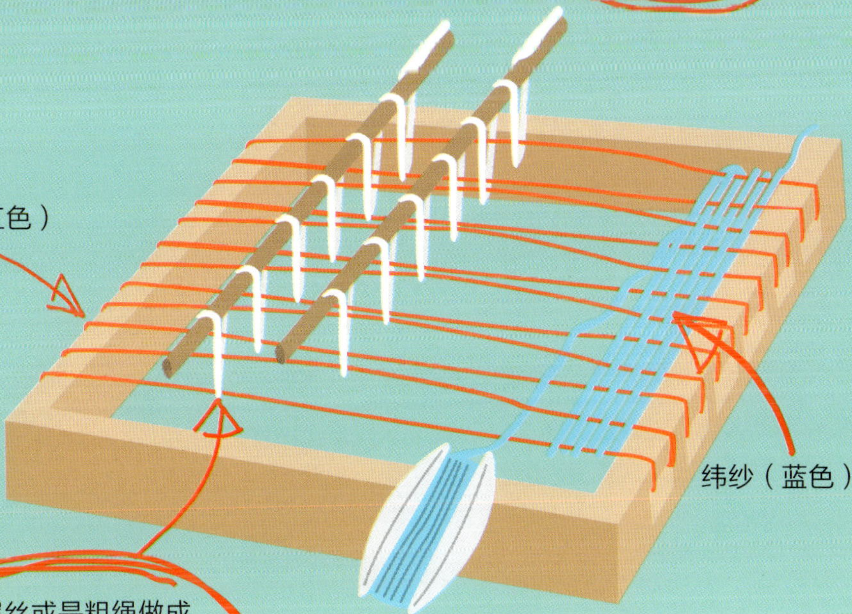

用金属丝或是粗绳做成的“综线”将经纱分开，这样梭子可以在它们之间轻易地上下穿梭

今天，大部分纺织工作都是由电力驱动的自动纺织机完成的，它们能够很快地完成工作，并实现复杂的设计

算盘

30秒大揭秘

人们自从有了清点物品的数目或交换它们的需求，就不得不需要算术。简单的加法可以心算或是用手指算出来，计算更大的数目就需要更多东西了：人们走向了算盘。

最早的算盘可能就是沙地上的几条槽。每条槽所代表的意义不同：第一条代表“百位”，第二条代表“十位”，第三条代表“个位”。在槽里放上石头，就能记录数字；移动这些石头，就能进行算术。

我们今天所知的算盘（木头框内小珠子在杆上滑动的样式），最早是在2 000多年前的中国发明的。人们用了几千年算盘，今天有些地方仍在使用它。算盘是许多算术发明中的第一个，其他的还有机械计算器（17世纪发明）、电子计算器（从20世纪70年代开始使用）、计算机。

3秒钟总结

算盘是第一个使算术变得简单的发明。

3分钟任务

制作算盘

你需要：1张30厘米×20厘米的硬卡纸、6根20厘米长的线、30颗珠子、胶带、一把30厘米长的尺子

将卡纸中心部分切掉，做成框架。在每根线上穿5颗珠子，将线的一头粘在框架顶部，另一头粘在底部。将每根线前面的4颗珠子滑向底部，另一颗滑向顶部。将尺子横向粘在框架上，使得它能将4颗珠子与剩下的1颗分开。

算盘以“五位”和“个位”进行计算，横梁上方的珠子代表5；梁下方的珠子代表1

想要读出一栏的数字，数一数从“个位”和“五位”碰到梁的珠子的数目。图中这个算盘记录的数字是1 352 964 709

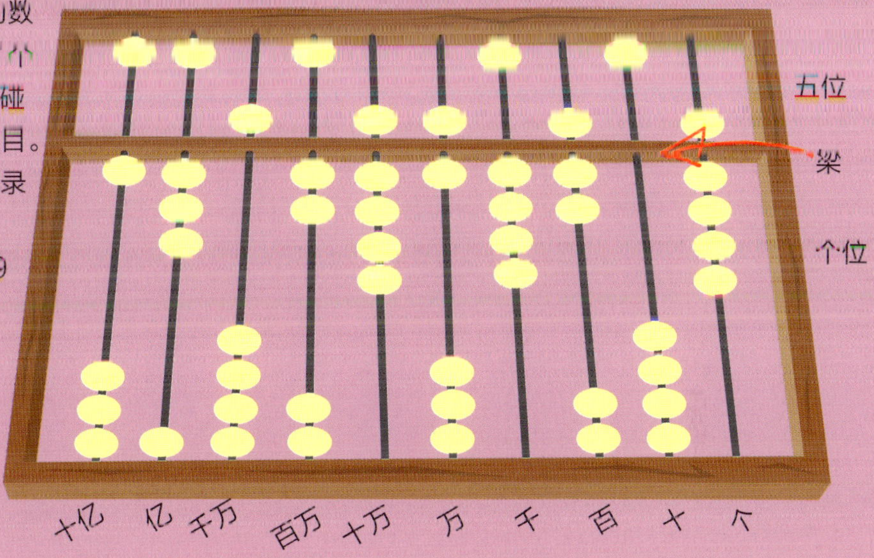

算盘被做生意的人使用了数千年，这里展示的是加法运算，但也可以用它进行减法、乘法和除法运算

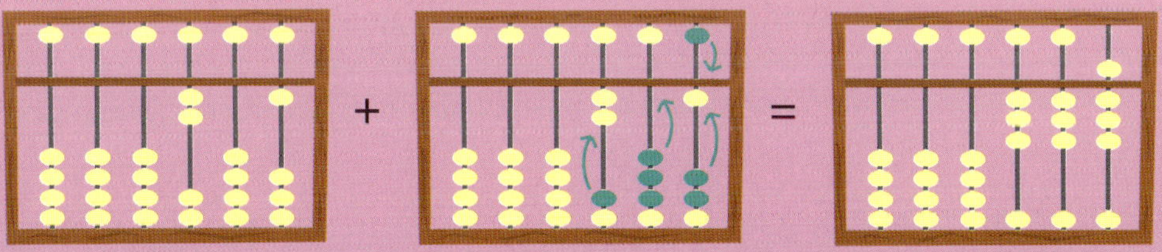

201 137 338

集中供暖

30秒大揭秘

50年以前，集中供暖（这是一种将热从一个单一的源头转移到整个建筑物的方法）十分少见。人们用电或煤气暖炉，甚至是生火取暖。现在，在寒冷的国家里，每个现代家庭都拥有集中供暖。

但奇怪的是，集中供暖不是一种现代的发明：大约公元前200年左右，罗马人发明了它。他们在修建豪华住宅时，在地板下和墙壁背后留下空隙，从火炉（被围起来的火）中冒出的热气和烟就会从这些空隙中流出。这被称为火炕。

在罗马人之后，人们放弃了集中供暖，直到工业革命时期，充满蒸汽的暖气装置被发明出来。但真正的大突破出现在20世纪50年代，人们发明了足够小也足够安全的煤气热水器（锅炉）供家庭使用。在今天的供暖系统中，热水由锅炉泵出，经由管道流进暖气片，在这里将热气散开，温暖整个屋子。

3分钟任务

保持温暖

你需要：2个相同并且有盖子的果汁罐（或者果酱罐）、1件旧套头衫、1支温度计

将2个罐注满热水，敞开盖子，其中1个罐子用旧的套头衫包住。等20分钟，用温度计测量两个罐子的温度。套头衫为那个被包上的罐子“隔离”了空气，并减轻了热量的流失——就像今天被称为“保温层”的材料帮助热水管道保温。试一试别的材料，例如瓦楞纸、棉絮或是气泡垫，看看谁的保温效果最好。

3秒钟总结

集中供暖让我们的家更舒适，更暖和。

在罗马和现代的集中供暖系统中，热量从一个点出发，在整个屋子内移动

…现代供
…系统中，
…在锅炉
…加热

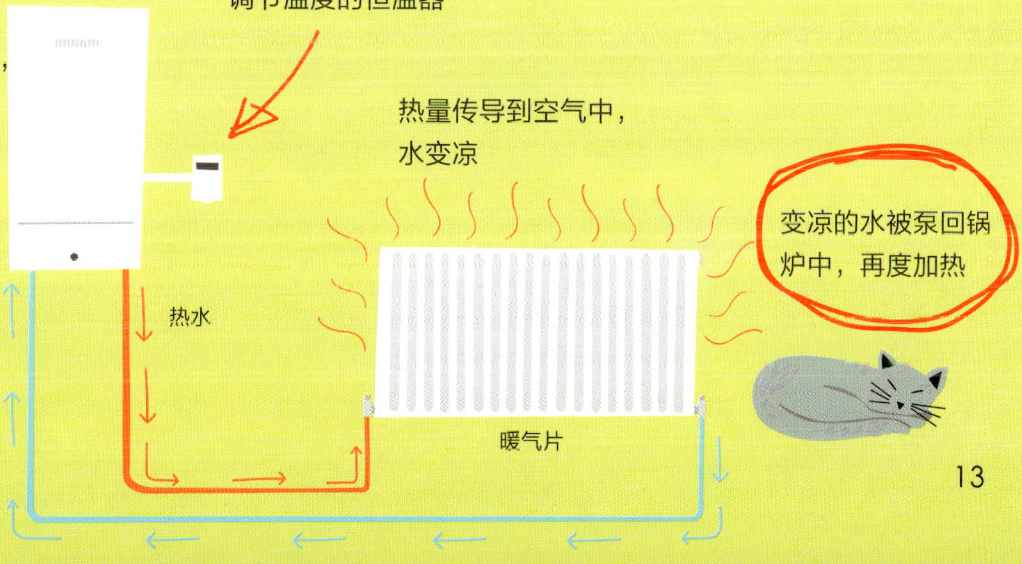

抽水马桶

30秒大揭秘

在人们住进房屋以前，排泄是一件很容易的事情，你只需要做你想做的，然后接着往前走就好了。但有了房屋后，屋里的卫生间带来了一个大问题：那些排泄物该怎么处理？有钱人能够雇用仆人拿走他们装满排泄物的“夜壶”，然后把里头的东西倒进河里，甚至是大街上。

太多排泄物堆积在一个地方不只是难闻而已。排泄物内含有各种细菌，许多是致死的病菌。

1597年，女王伊丽莎白一世幸运地成为世界上第一个使用抽水马桶的人。这项发明来自她的教子——约翰·哈灵顿爵士。美中不足的是，这个卫生间依然难闻，而且还没有办法冲掉排泄物。实际上，直到19世纪，人们发现了细菌的危险之处，并通过一种叫作下水道的特殊管道来排空卫生间的排泄物，这个问题才得到了解决。

约翰爵士的发明对于他那个时代来说太超前了。他设计的卫生间一共就建造了两处，并且人们还要等上200年才能见到下一个抽水马桶。

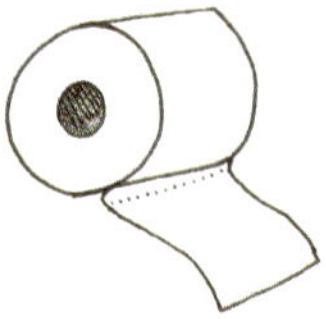

3秒钟总结

抽水马桶取代了夜壶，从而让人们摆脱了细菌和臭味。

小知识

擦屁股

我们知道中国人早在2 500年前就用纸擦屁股了。在这之前，中国人以及其他国家的人用不同的东西擦屁股，例如雪、石头、绑在棍子上的海绵、罐子的碎片以及海里的贝壳，这就难怪更多人倾向于用水清洗屁股了。在19世纪，人们流行用旧报纸。在1857年，第一款专用厕纸在美国上市，发明者是约瑟夫·C. 盖耶蒂。

无臭味的抽水马桶的秘密在于，桶身内抽取的是干净的水

女王伊丽莎白一世拥有世界上最早的抽水马桶中的一个，但它依然很臭

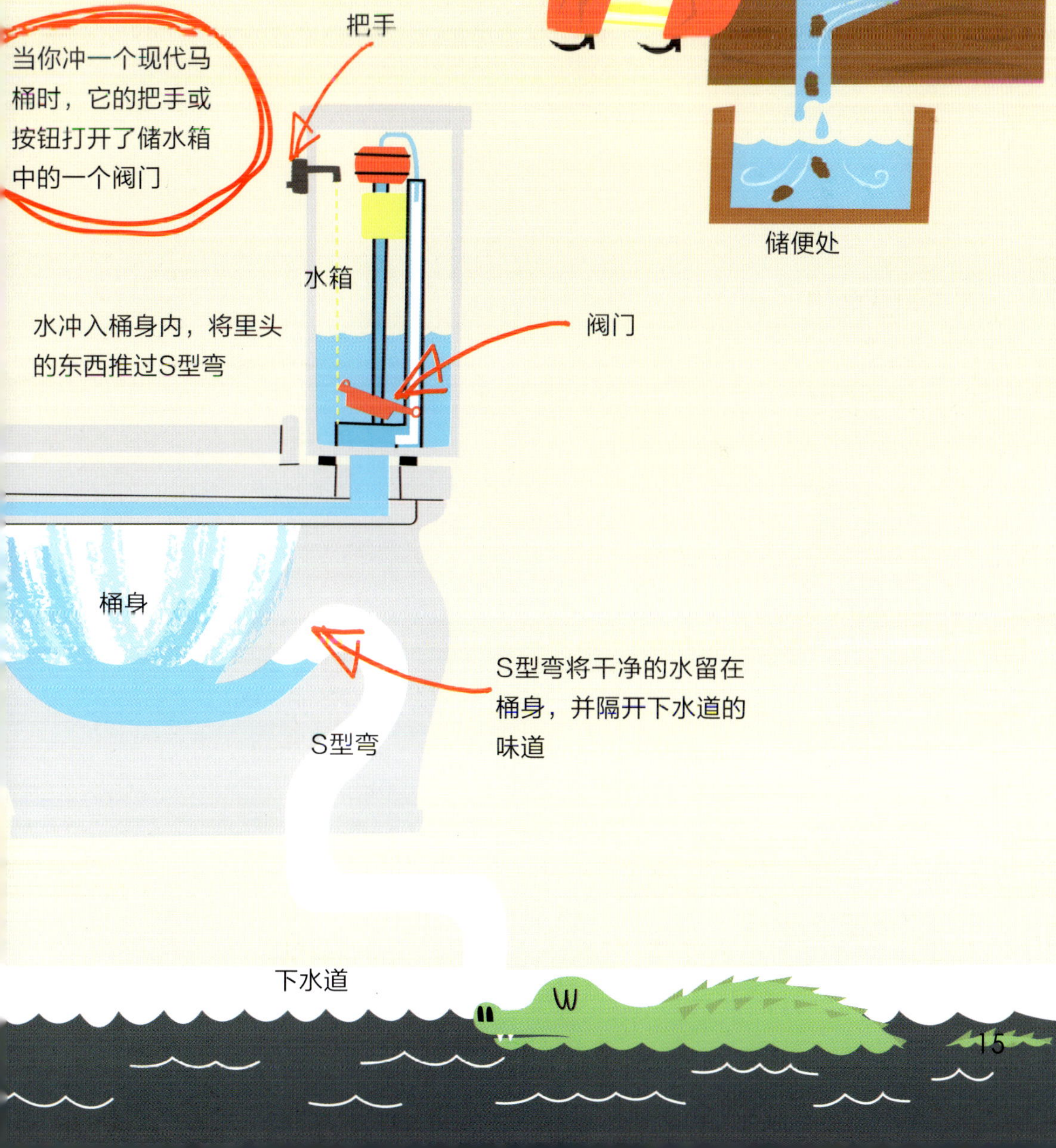

电灯泡

30秒大揭秘

电灯泡是个非常了不起的发明。在漫画中，我们时常可以见到灵机一动想出好主意的人的头顶出现了一个电灯泡。它确实改变了世界。在电灯泡出现前，大部分人都得仰赖精细的煤气灯、蜡烛或是油灯照明。但电灯泡，只需按下开关，它就能在入夜后的住房和商业区亮到足够人们舒适地生活和工作的程度。

19世纪70年代，美国发明家托马斯·爱迪生发明了电灯泡，同一时间，英国发明家约瑟夫·斯万也有了近似的发明。电灯泡的设计思路很简单：电流通过一根细丝（“灯丝”），当细丝足够热的时候，它就会发出光芒。难的是如何防止这根细丝完全烧尽，解决方法是将细丝放入一个被抽干空气的灯泡中。没有空气，细丝无法燃烧，电灯泡就能使用很久。

如今，大部分灯泡都不需要灯丝了，它们内部含有特殊的气体。这种灯泡（被称为荧光灯）发明于1926年，也比此前的电灯泡更加先进，因为它们产生的热量更少，将大部分通过的电流都转化成了光。

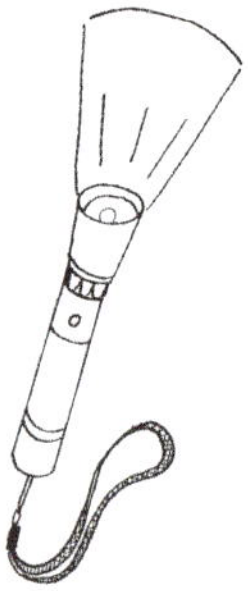

3秒钟总结

电流通过细丝产生热和光。

3分钟任务

点亮灯泡

你需要：1个气球、1个荧光灯泡、1位成年人助手

将气球和灯泡带进一个黑暗的房间中。将气球在你的头发上摩擦60次以上，让它带上静电。把气球放在灯泡上。灯泡的闪光来自静电，就像灯泡平常的光亮来自房屋提供的电力。

白炽灯被更加有效率的荧光灯取代了

白炽灯

玻璃灯泡隔开了空气，所以灯丝不会燃尽

以热量形式流失了部分能量

电流加热了螺旋灯丝，使得它发光

荧光灯

灯泡内部被涂上了一层粉末，光线能使这种粉末发光

它产生的热量更少，所以更加节省能源

人造纤维

30秒大揭秘

像羊毛、棉花以及丝绸这样的自然纤维很有用，但它们都有自己的不足。人造纤维（由化学方法制成，而不是来自动物或植物）的发明意味着我们可以制作更强韧也更便宜的材料。我们也不再需要依赖棉花或是绵羊了。

尼龙是最早也最重要的人造纤维之一。它由美国人华莱士·卡罗瑟斯在1935年发明。卡罗瑟斯想为女士精致而昂贵的丝绸长筒袜找一种便宜的替代品。尼龙这种石油的产物，很快在长筒袜制造中取代了丝绸，并且在很多其他产品中大放异彩，例如第二次世界大战时期的降落伞。

其他人造纤维不久后也纷纷被发明出来，其中就有20世纪50年代出现的聚酯纤维（如今最常用的人造纤维），而且人们不断发明出新的纤维。人造纤维被用来制作各种各样的东西，不再仅限于衣物、织物的面料。它被用作吉他弦、筛子、防弹背心，甚至是手术中的缝合线（当伤口愈合时人造纤维缝合线会自动溶解）。

3分钟任务

自然对阵人造

你的衣服是由棉花、羊毛、亚麻这类自然纤维制成的，还是聚酯、尼龙这类人造纤维制成的？再或者是这两者的混合物？看看衣服的标签来找到答案。

人造纤维好在哪些地方呢？简单来说，它很强韧，被打湿之后也很容易干。它不需要依赖植物或是畜养的动物，制作起来也很便宜（所以用它制作的物品也不贵）。但反过来说，人造纤维不可自然降解。此外，在制作过程中，人造纤维会比自然纤维产生更多的污染。

3秒钟总结

人造纤维制成的物品，比自然纤维制成的更强韧也更便宜。

尼龙和其他的人造纤维是由化学制品做成的，这些制品被转变为丝线，并做成各式各样的东西

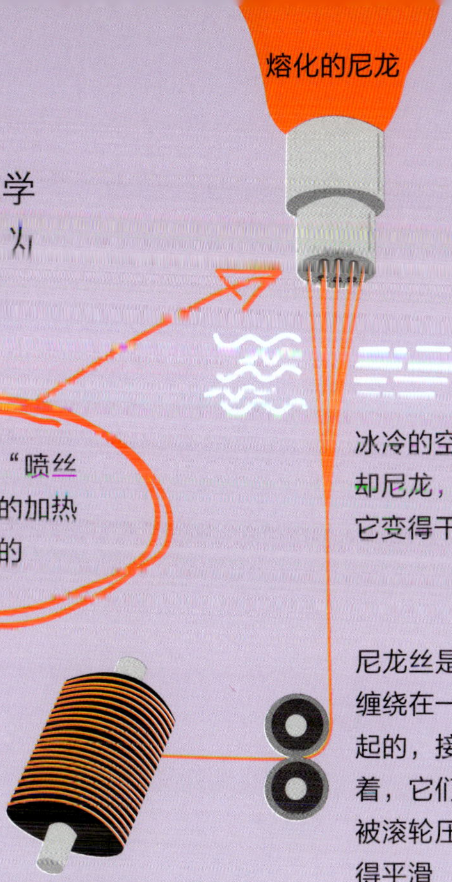

尼龙丝是由被称为“喷丝头”的小洞中喷出的加热过的液态尼龙制成的

冰冷的空气冷却尼龙，并使它变得干燥

尼龙丝是缠绕在一起的，接着，它们被滚轮压得平滑

尼龙是人造的，被用在万事万物中，是一种理想的成分。从精致的紧身衣到结实、撕不烂的宇航服，都有尼龙的贡献

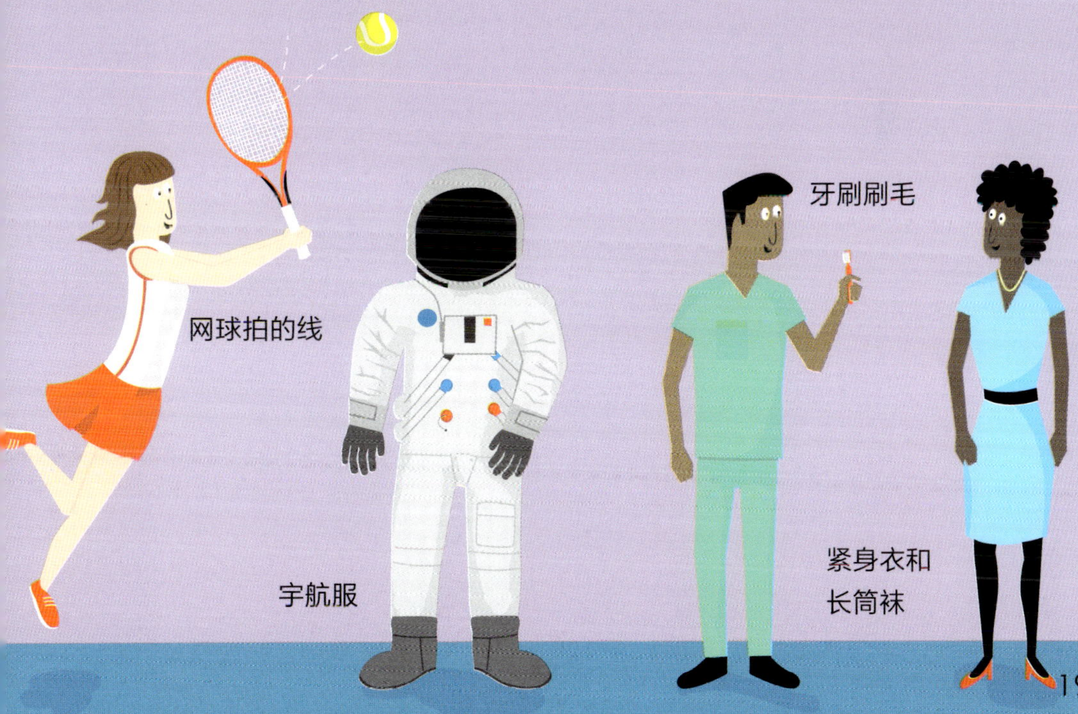

沟通

人类热爱互相沟通，但说话这种方式受到很多限制：声音无法穿越很远的距离，无论你喊得多响亮；说出的话也没法被保留下来。书写的发明非常重要，以至于人们把它视为“历史”的开始。历史开始了，其中充满了人类发明新的沟通方式的瞬间：书写、印刷、电话、短信……现在我们能和这个星球上任何地方的人进行沟通。

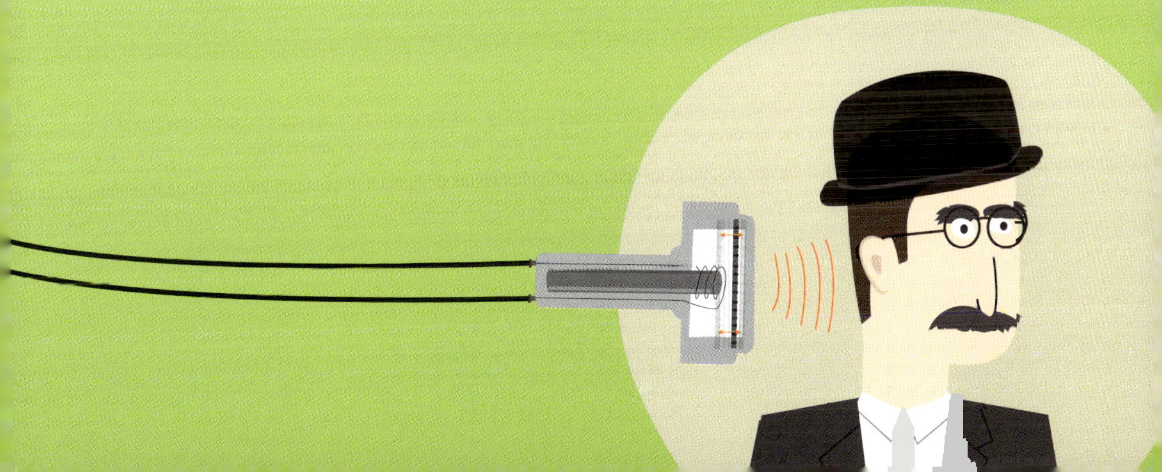

书写

30秒大揭秘

书写的用处在于它能够记录想法，无论这个想法属于信息、诗歌、计算、事实或是故事中的哪一类。写下来意味着这个想法能够得到保留。书写是我们最早的发明之一，它在4 000年前的伊拉克就已经发展完善。

书写一开始是事物的简单示意图（因为它们很好理解）和类似点、线的简单图形（因为它们很好画出来）的混合。最开始，每一个画出来的图案代表一个词，这意味着人们要记住成百上千幅图案。在中国，这套系统沿用至今，但是世界上大部分地区的人都用字母取代了图案，每个字母表示不同的读音。

时间飞逝，人们不断发明出新东西来改变我们的书写方式。2 000年以前，中国人发明了纸。铅笔和圆珠笔取代了木炭笔和羽毛制成的墨水笔。现在我们已经不太用笔写字了，多数时候是敲击键盘或者触摸屏幕来打字。

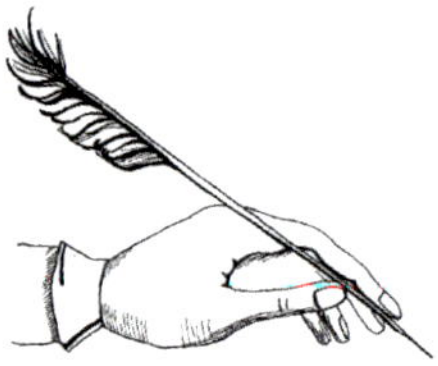

3秒钟总结

书写的发明意味着想法能被记录下来。

3分钟任务

写埃及象形文字

你需要：计算机或平板电脑、智能手机、纸和笔

大部分埃及的象形文字是图画。那些图画代表了发音。举例来说，猫头鹰的图案代表了“m”这个字母的发音，狮子的图案代表了“*l*”。用象形文字写下你的名字拼音，利用相关网站来帮你找到每幅图代表的字母。

在世界各地，各个文明
在不同时间发明了文字

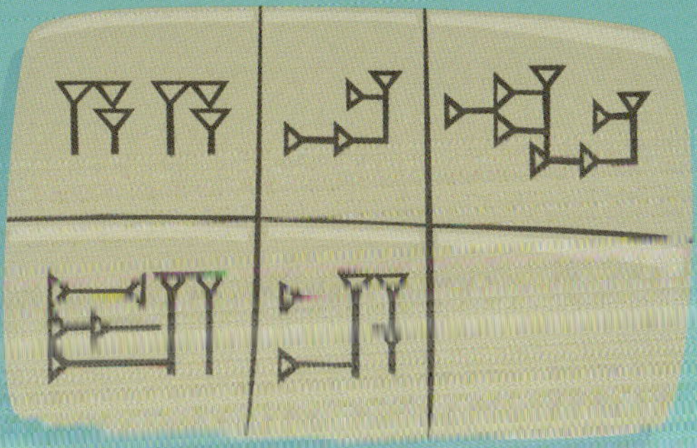

楔形文字（伊拉克，公元前4000年）：最早的书写系统

埃及象形文字（公元前3000年）：每个图案代表了一个词或者一个读音

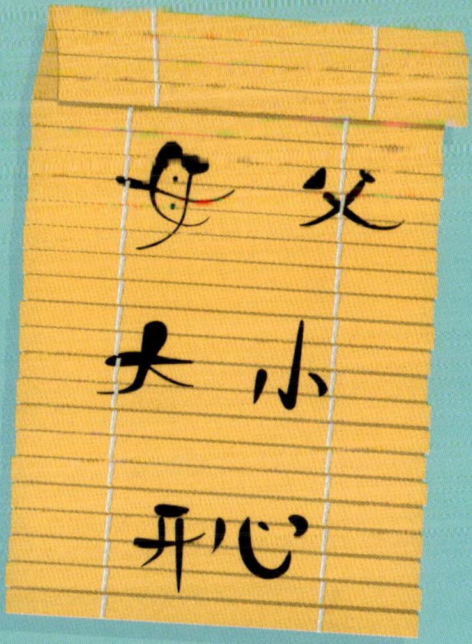

汉字（公元前1100年）：经常纵向书写

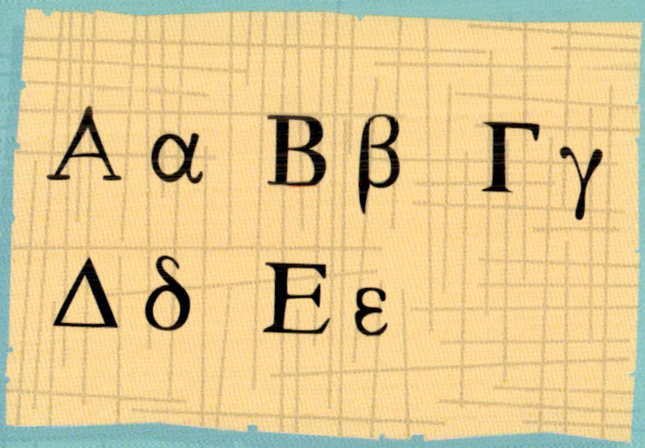

古希腊语（公元前800年）：所有现代欧洲语言的源头

玛雅文字（墨西哥，公元前300年）：可能是世界上最复杂的书写系统

印刷术

30秒大揭秘

直到15世纪，西方并没有多少人能够读写，部分原因是可以读的东西也不多。手抄的书确实存在，但是它们罕见且昂贵。

在公元200年的时候就已经有印刷品了，但这种印刷花的时间比手写的时间更长：在木板上刻出一整页的字母和插画，随后涂上墨水印刷。1439年德国的约翰·谷登堡改进了印刷术，相较之前需要每次为一整页书刻版，谷登堡只需要刻许多字母[1]。他在木头制作的框架上排列字母方块，拼出书页的内容，再印刷出来。因为印刷的过程变快了，书籍变得更丰富，也更便宜了。

印刷术改变了一切，因为它意味着知识传播得更快了，而且也不再为富人所独享。人类获得了启发去做很多新的事情，而且他们确实也获取了相关的知识。科学的突破、革命、宗教的变化、新的文学作品纷纷出现，更多的旅行和更好的教育也出现了。世界和从前大不一样了。

3秒钟总结

印刷品把知识传给普通人，改变了世界。

小知识

印刷次数最多的图书

1.《圣经》（超过50亿本）
2.《古兰经》《毛主席语录》（均超过8亿本）
3. 塞万提斯的《堂吉诃德》（超过5亿本）
4.《新华字典》（超过4亿本）
5. 查尔斯·狄更斯的《双城记》（超过2亿本）
6. J. R. R. 托尔金的《魔戒》（超过1.5亿本）

1　在谷登堡之前，中国北宋时期的毕昇（970—1051）发明了活字印刷术，即把每一个单字制成字模，印刷时用字模排列在字盘内，印完拆出，下次还可以继续使用。——译者注（如无特殊说明，以下均为译者注）

谷登堡的印刷术的发明意味着书籍可以被又快又便宜地制作出来，让普通人也能阅读和学习

手抄书的年代，只有富人才能负担得起图书

谷登堡的印刷机使用的单个字母块可以被轻易地重排并快速地印出新一页

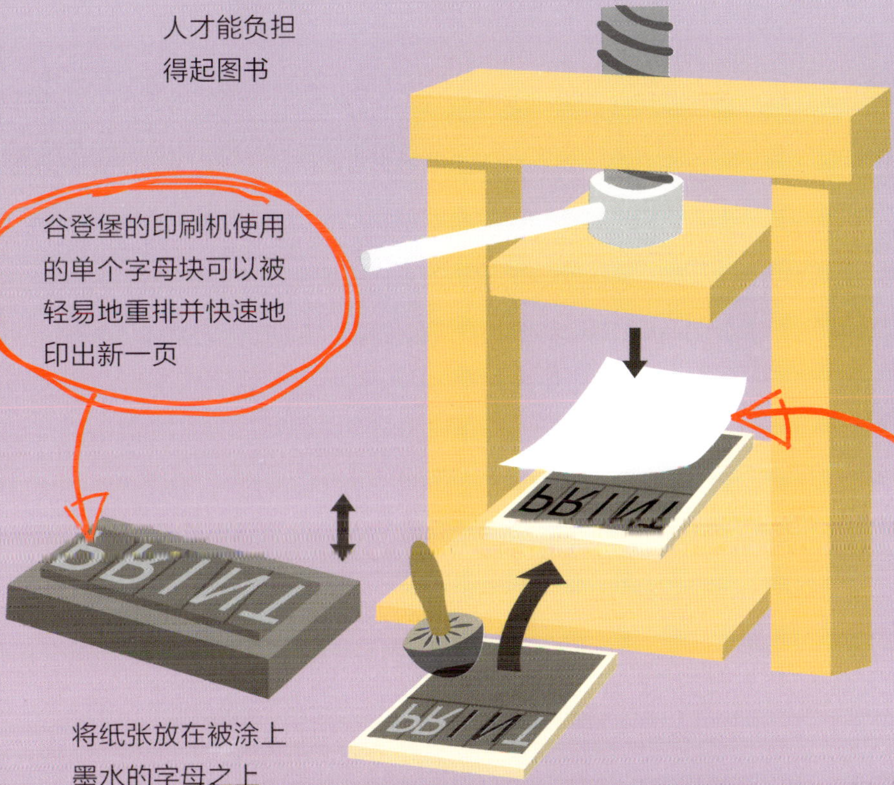

当印刷机下降的时候，它将纸张和涂过墨水的字母压在一起

将纸张放在被涂上墨水的字母之上

电话

30秒大揭秘

在电话的历史上，有一个如雷贯耳的名字：亚历山大·格拉汉姆·贝尔。事实上，电话的发明故事中有不少同时代的人，他们的主意也都差不多，但贝尔是在1876年拿到专利的那一位，也成了最知名的一位。

贝尔是在改进电报的过程中得到发明电话的灵感的。电报是最早使用电力来沟通交流的设备之一。电报的工作原理是在线路内发送电脉冲，而后在电路另一端解码。这也是第一次，信息能在遥远的两地之间以极快的速度传送。但电报只能传输信号，不能传输声音。

贝尔想出了传输声音的办法：利用换能器。这种装置能够把能量从一种形态转换成另一种。电话的一头是名为传声器的换能器，它能将声音转换为电流。接着，电流顺着线路传输到远方的另一个换能器（也被称为扬声器）中，再被转换为声音。人类第一次可以“在线”交流了，而不需要等待一段时间才能得到回复。

3分钟任务

制作有绳电话

你需要：2个一次性塑料杯或塑料碗、20米长的风筝线或钓鱼线、1位成人助手和1位朋友

让成人助手帮忙在两个杯子的底部中心刺个小洞。将线穿过小洞并打结。找一位朋友将其中一个杯子放在他的耳朵上，走出一段距离直到线被拉紧。对着你这头的杯子说话，你的朋友会听到你说的话。

这样的“有绳电话”能够“通话”的原理是变化的声波会使线振动，而电话能够传声是通过线路内的电流变化。

3秒钟总结

电话能够通过线路将声音传到很远的地方。

电话将声音转化为电流，这就能让人们和远方的朋友通话

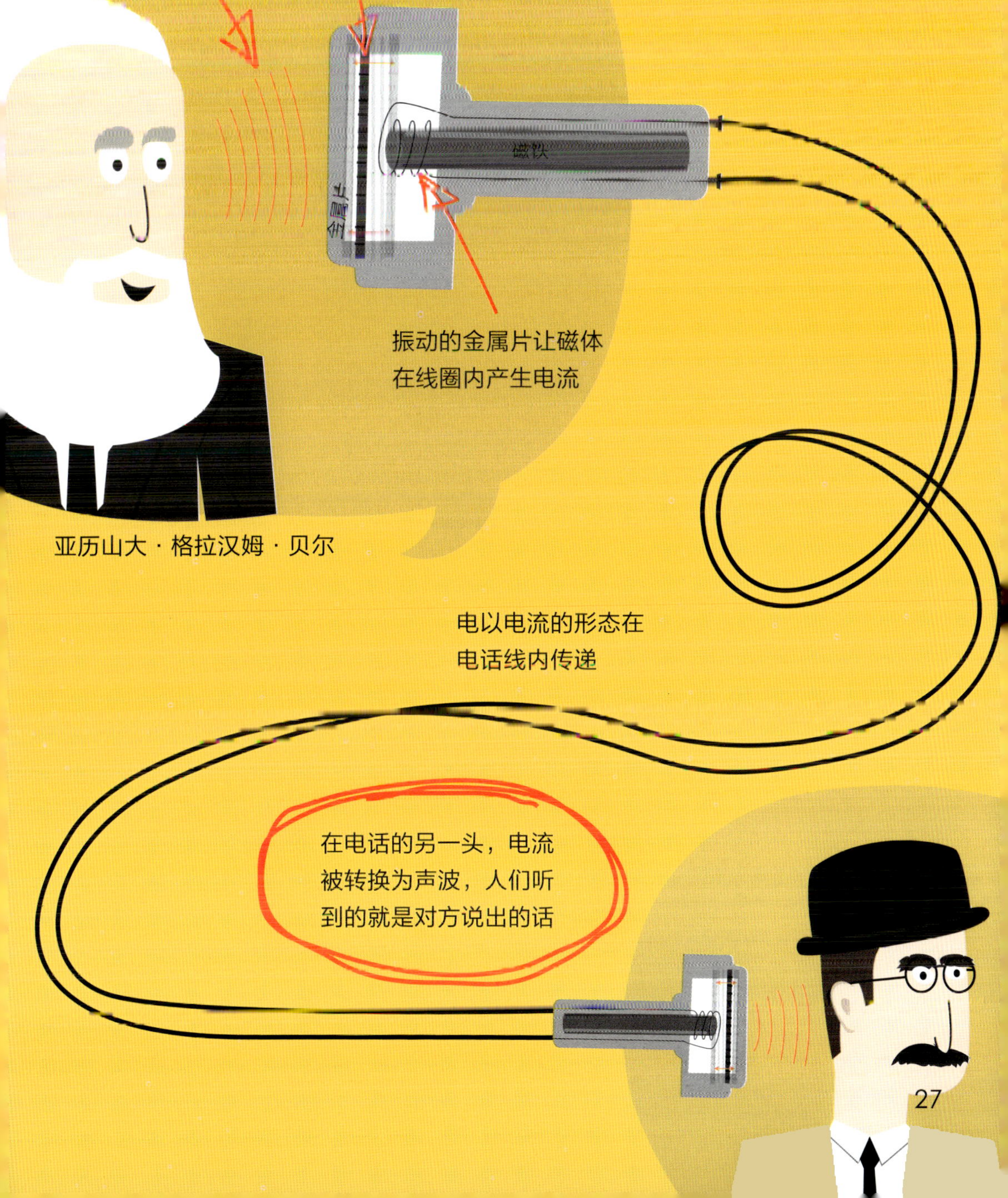

无线电

30秒大揭秘

电话固然很好，但美中不足的是，所有的电话都需要一样东西：电话线。这对于大海上的船只来说不是个好消息，还有那些生活在边远地区的人。后者更渴望不需要线路支持的信号传输——无线沟通。

在19世纪60年代，科学家们开始研究一种当时才发现的不可见波：电波。和声波一样，电波能够穿过空气和固体，但它比声波移动得快多了。在19世纪90年代，年轻的意大利发明家古列尔莫·马可尼成功将电波传送到大西洋彼岸，开启了无线电时代，到处都建起了无线电系统。

最早的无线电只能传输嘟嘟声，所以信息必须被编码，但很快声音和音乐也能被传输了。这导致了无线电广播产业的兴起。不只如此，后来在人们发现了如何将光波转换为无线电波之后，图像也能用电波传输了——我们现在看的电视就是这么来的。如今，大部分的电话也使用无线电波，包括所有手机。这是一个无线的世界！

3秒钟总结

无线电使得地球遥远两端的沟通成为可能，而且无须搭设线路。

3分钟任务

测量微波

无线电波是一种“电磁”波。光、X－射线和微波都是不同类型的电磁波。这些波有着不同的波长（波的两个波峰之间的距离被称为波长）。

为了测量微波的长度，你需要取下微波炉的玻璃盘，并用它加热一块没有打开包装的巧克力块15秒。当微波穿过时，它会将巧克力融化：两个融化的点之间的距离就是微波波长的一半。

20世纪30年代的无线电装置

1907年，发明家们解决了用无线电传播声音和音乐的问题

20世纪20年代，人们发明了电视，并用无线电传输画面

古列尔莫·马可尼

自从1895年马可尼传送了最早的无线电信号，无线电被用在各种不同的交流方式上

所有的手机都用无线电通信

无线电信号甚至能传出太阳系

旅行者1号探测器距离地球已有200亿千米，自1977年起一直与地球保持无线电通信

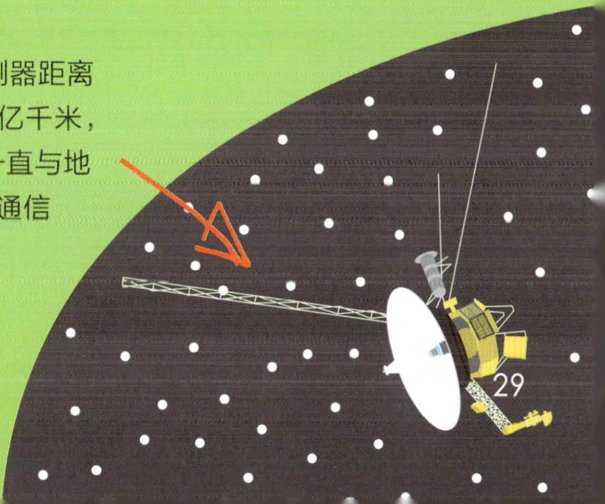

因特网

30秒大揭秘

最新也最好的沟通方面的发明让大多数人大吃一惊：没有人预料到因特网的诞生。在1969年，工程师们在美国通过电话线让4台相距好几千米的计算机彼此连接，这种连接可以让他们交换信息。这个“网络”被称为阿帕网，也是我们今天所知道和喜爱的因特网的雏形。

工程师们面临的一大问题是如何让所有计算机在同一时间发送信息，同时保持信息不混乱。解决方案是将每台计算机的对话分解为数千个被称为“信息包”的小数据块。只要信息包知道自己在完整的信息中所处的位置，它们就能沿着不同的电话线被单个送出，并在另一端组成完整的信息。

今天的因特网是全球数以亿计的计算机组成的网络，并且它们都通过电话线和卫星相连。多亏了因特网，我们现在能和地球上任何地方的人闲聊，同时看到他们的图像。信息能够以光速穿过整块大陆。我们可以在几秒钟之内购买和出售物品，无论白天黑夜，无论身处何处。而且这还只是个开始……

3秒钟总结

因特网是全球计算机组成的网络，让我们能够即时完成沟通。

小知识

万维网

因特网为全球计算机的连接起到了关键作用，但利用这些连接去访问和使用网页依赖于另一项发明——万维网（www），一种全球的计算机项目。因特网不是一个人发明的，但万维网有明确的发明者：蒂姆·伯纳斯－李（于1989年）。

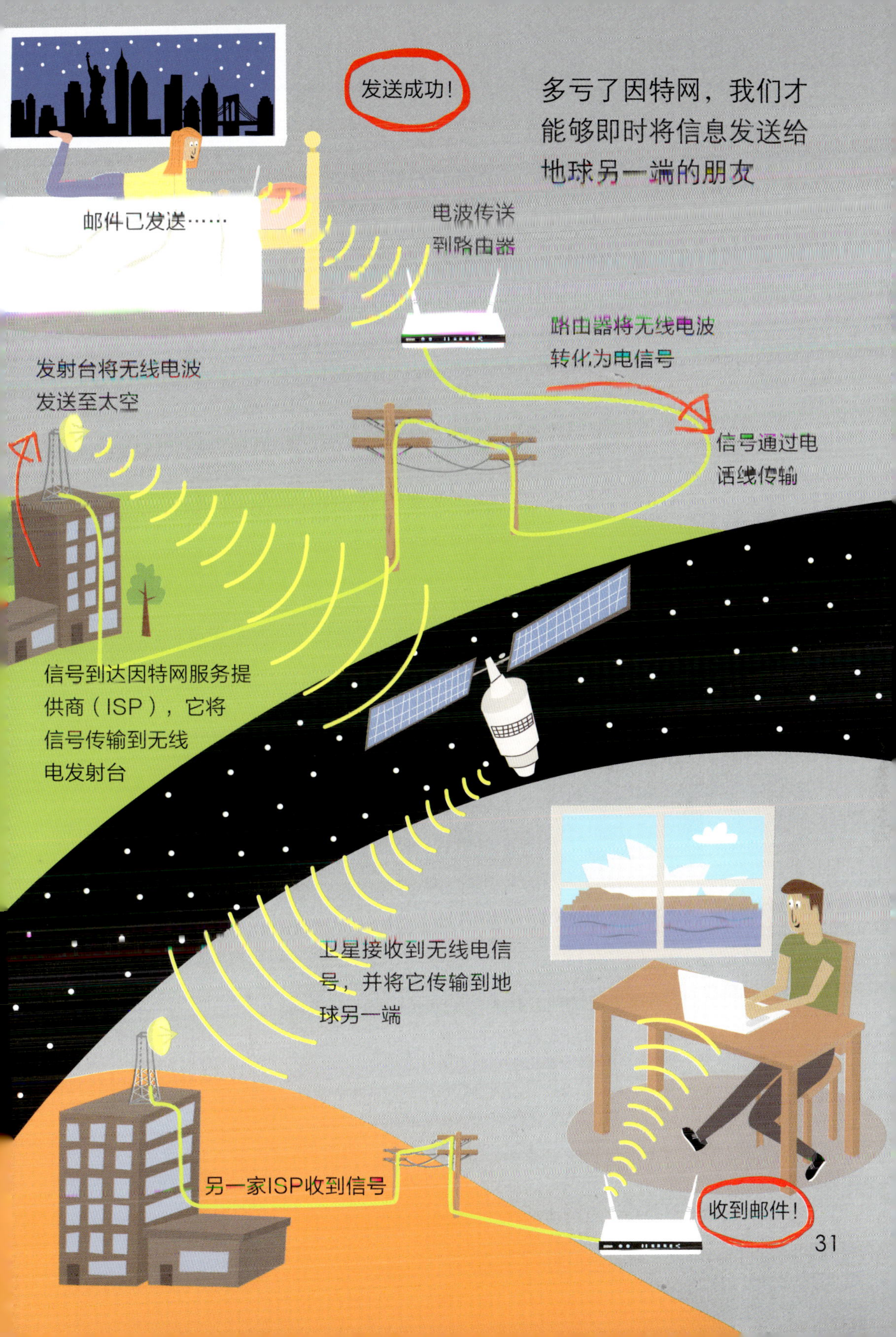
发送成功！
多亏了因特网，我们才能够即时将信息发送给地球另一端的朋友
邮件已发送……
电波传送到路由器
路由器将无线电波转化为电信号
发射台将无线电波发送至太空
信号通过电话线传输
信号到达因特网服务提供商（ISP），它将信号传输到无线电发射台
卫星接收到无线电信号，并将它传输到地球另一端
另一家ISP收到信号
收到邮件！

USA

旅行

旅行的原因有很多：很久以前，人们总在路上，不是去寻找食物，就是为了躲开敌人或是建立帝国，又或者只是单纯地跟随着人类天生的好奇心，想弄明白地平线的那头是什么。如今我们旅行更多是为了工作、学习或是娱乐。从发明轮子到最先进的高科技太空飞船，新的交通方式让我们能够探索地球，以及头顶的星空。

轮子

30秒大揭秘

我们身边到处都是轮子，你能想象一个轮子不存在的世界吗？我们不是很了解轮子发明的时间和地点，但世界已知最早的轮子，和它的轮轴一起，于2002年在斯洛文尼亚的湿地出土。它在那儿静静躺了7 000多年。

轮子是怎么运作的？嗯，要移动举起来都很困难的物体无疑是件苦差事。你可以试着拖拽它，然而更简单的办法是将它放在可以滚动的物体——平滑、笔直的树干就很好——上推动。

一段时间之后，这些早期用来滚动物品的原木被逐步改造了。首先，它们被削去大部分，成了细细的杆（轮轴），两头都接在一个圆盘（轮子）上。这样做的优势是轮子可以被装在一个平台上，这样人们就能够把重物装上平台。后来，为了简化制作过程，轮子和轮轴被单独做出来，再被装在一起。

轮子被发明之后，人们就可以以更快的速度去更远的地方了。

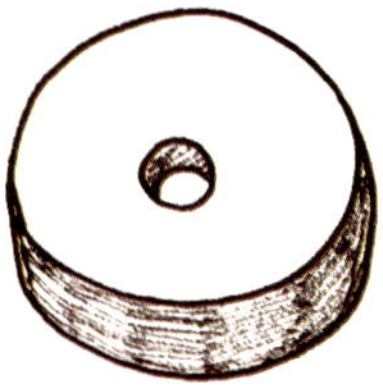

3秒钟总结

轮子的发明让物品和人都动了起来。

小知识

齿轮

公元前350年，希腊人发明了一种新的轮子，被称为齿轮。齿轮有类似牙齿的结构，当两个齿轮的齿咬合在一起时，一个齿轮可以带动另一个转动。这还不是全部，如果第二个齿轮比第一个小，并且只有一半的齿数，它的转速会是第一个齿轮的两倍。这样人们就能做出含有不同转速的齿轮的机器了，例如时钟，它就有时针和分针。

随着轮子的发明，旅行变得更平稳了，移动重物也变得容易了

指南针

30秒大揭秘

几千年以前，人们并不知道自己生活在这颗行星的哪个位置（事实上，他们压根不知道自己生活在一颗行星上）。旅行者们依赖东升西落的太阳来分辨前进的方向。

接着，大约在2 000年前，一位不知名的中国人有了一个了不起的大发明：指南针（最早的被叫作司南）！只需要在一块平板上放根汤勺形状的金属，勺把就会一直指向南方。它的原理是什么呢？指南针是一块磁铁，如果没有东西阻碍它，它的一端会转向附近的一块磁铁。极为幸运的是，我们的行星内部就有一块大磁铁。更巧的是，这块大磁铁的两个磁极就在地球的南极和北极附近。这就意味着指南针有一端必然指向北方。

后来，司南被磁针浮于水上的水罗盘取代了，再后来出现了把磁针装在轴上的指南针。指南针变得更加易于携带，让人们更容易去探索地球和绘制地图。

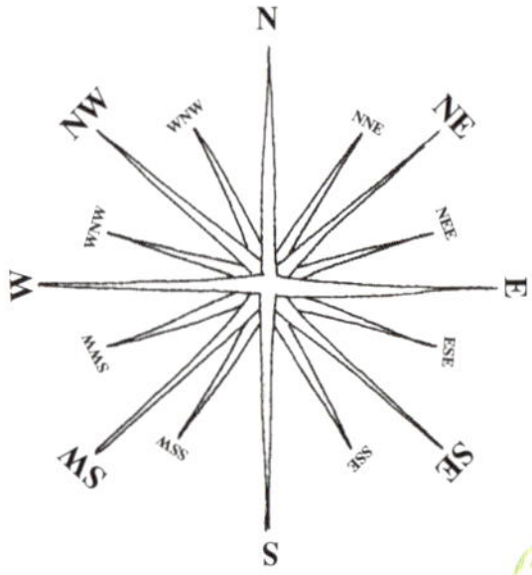

3秒钟总结

指南针是磁铁，通过指向极点，让你知道前进的方向。

3分钟任务

制作指南针

你需要：1根针、1块磁铁、1个小盆、1个比盆更小的盖子

将针在磁铁一头摩擦50次，每次摩擦保持同样的方向。将盆里的水接到半满，让盖子浮在水面。将针放在盖子上，盖子和针将会缓慢地指向北方。

指南针利用地球的磁场，可以永远指向北方，很多年来，旅行者用指南针寻找方向

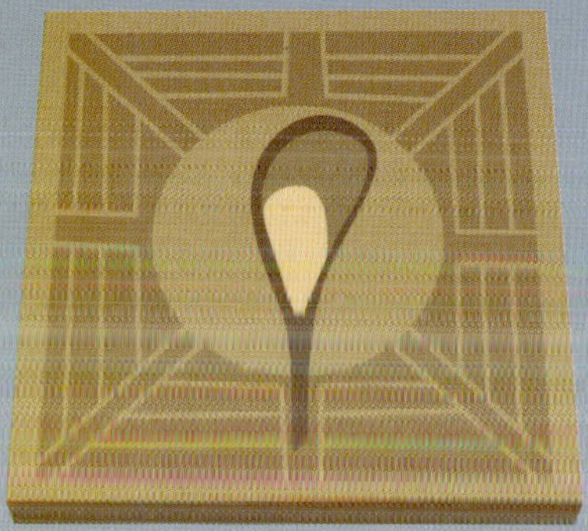

最早的指南针来自中国，并不是用来导航，而是用来算命的

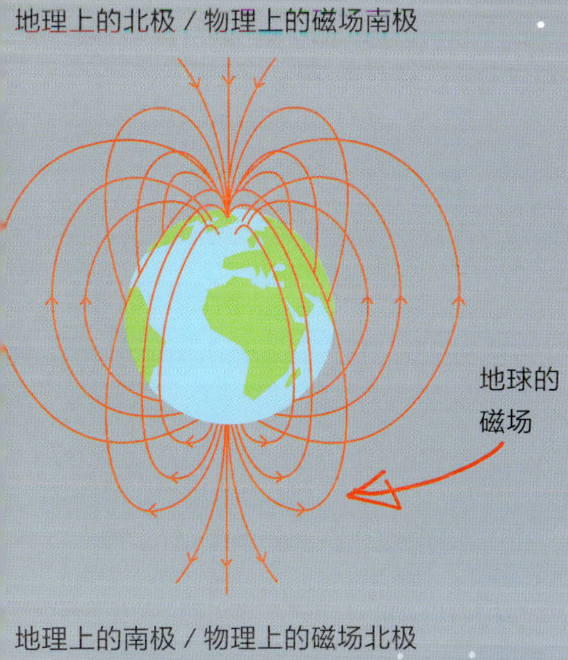

在14世纪，便携指南针让人们可以探索世界

现代指南针通过拥有全球定位系统（GPS）的卫星来找到北方

帆船

30秒大揭秘

对早期的人类来说，海洋充满危险，却是绝佳的食物来源地。驾驶简单的船只出航，人们可以捕捞到许多鱼，也可以沿着海岸线探索。但要穿过海洋去往别的大陆，就需要更大、更安全也更快的船只——帆船，一种风力驱动的船只。

最早的帆船出现在几千年前的埃及，但是要等到15世纪和16世纪，西欧的部分国家发展出了西班牙大帆船，大航海时代才算是真正揭开了序幕。西班牙大帆船比此前任何海上的船只都要表现得更好，很快，类似的船航行到了地球上的每一片海洋。伟大的探险者克里斯托弗·哥伦布在15世纪90年代就是乘着名为“圣玛利亚”的西班牙大帆船去往世界各地的。

探险只不过是故事的开头。根据水手们登陆时的发现，航海导致了殖民、贸易、征服或是战争。人们总能找到一种方式，去接触到世界上的所有国家。

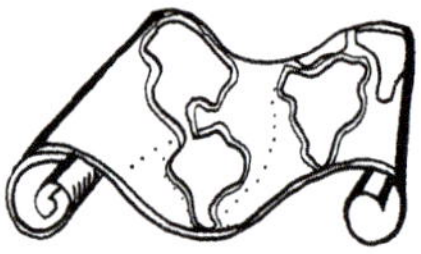

3秒钟总结

帆船使得相距遥远的国家之间的旅行成为可能。

小知识

西班牙大帆船

人们追求更坚固、更适合在大海上航行的船只，因此设计了西班牙大帆船。在15世纪的西欧，探险和贸易都在飞速发展，人们乘着西班牙大帆船到世界各地去。与此前只有两根桅杆的帆船不同，西班牙大帆船拥有三到四根桅杆，从而让它们能够应对大洋深处的强风。此外，它们体积大，能够在暴风雨中保持平稳，并且有储存大量补给的空间，这都让它们特别适于长途航行。

帆船的发明让探险者可以穿过广阔的海洋，到达别的大陆

古埃及人建造了最早的大帆船

更快、更稳定，空间也更大，西班牙大帆船开启了16世纪的大航海时代

知名的意大利探险家克里斯托弗·哥伦布在1492年到1503年乘西班牙大帆船8次跨越大西洋

蒸汽火车

30秒大揭秘

我们生活的世界和17世纪时的世界已大不相同，这主要归功于一项发明：蒸汽引擎。它能捕捉燃料（经常是煤）燃烧时的能量，并将它转化为动力。

最早的蒸汽引擎很重，也提供不了多少动力，但在19世纪70年代，几位英国和美国的工程师开始设计并制造轻到足以驱动车辆的蒸汽机。1804年，理查·特里维西克发明了蒸汽机车，后者在一条很短的铁轨上缓慢地开动了起来。1829年，乔治·斯蒂芬森制造出了更优秀的机车，将其命名为“火箭”。斯蒂芬森还在英国的斯托克顿和达灵顿之间建造了世界上第一条正式铁路。

19世纪30年代，人们掀起了铺设铁路的热潮，起初在英国，后来渐渐蔓延到了海外。现在，工厂和农场可以将它们的货品卖去很远的地方。无论是工作需要还是个人娱乐，人们都可以很快到达很远的地方。尽管蒸汽火车的时代已经过去很久了，电力和柴油驱动的火车依然是今日贸易和旅行不可或缺的一环。

小知识

蒸汽驱动世界

1769年，第一台蒸汽机车被制造出来，但它从没有广泛应用过。

1893年，乔治·摩尔建造了蒸汽动力的机器人，并和它一起走上美国纽约的大街散步。

1897年，人们制造了世界上第一艘由蒸汽涡轮机驱动的船。

1933年，世界第一架，也是唯一一架蒸汽动力的飞机起飞。

2001年，人们设计了新型的火箭推进器，以蒸汽作为动力在太空中推动小型人造卫星。

3秒钟总结

蒸汽火车利用蒸汽引擎的动力运送人和货物。

蒸汽火车把人和货物
从工厂、农村和村庄
送入城市内
煤在火箱内燃
烧，将水加热
在锅炉中的水
变为蒸汽
蒸汽从管
内流出
曲轴推着轮子转动，
从而推动机车前行
曲轴将活塞和轮子
连接在一起
蒸汽的压力将活塞推开

汽车

30秒大揭秘

蒸汽火车非常受欢迎，但它不能总是把人们带到他们真正想去的地方。人们想要能取代马车的交通工具来载人和载货，换言之，就是不需要马的马车，简称为“车”。

问题是这样的车该以什么作为动力呢？蒸汽引擎不合适，哪怕最小的型号对于车来说也太大了，而且启动起来要花不少时间。幸运的是，克劳德和尼瑟福·尼埃普斯早在1807年就有了突破性发明：内燃机。蒸汽引擎中的燃烧发生在锅炉外面，这种新引擎的燃烧发生在它的内部。经过发明家数十年的不懈革新，这种引擎于1879年，被用在了世界上第一辆成功的汽车——奔驰专利汽车之中。

在最初的几十年里，汽车非常昂贵。在那以后，车辆变得更快，更便宜，也设计得更好了。现在，一种新型的车辆被大量制造出来：电动汽车。

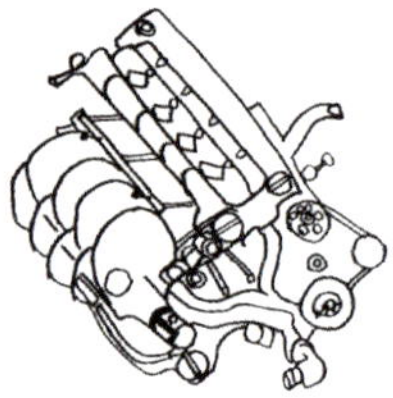

小知识

创造纪录的汽车

最长的汽车：卡迪拉克豪华轿车有30.5米长，26个轮胎。三辆这样的汽车头尾相连，就有一个足球场那么长。

速度最快的量产汽车：布加迪威龙的超级运动（Super Sport）型汽车，最高时速可以达到431千米，比英国高速公路限速还快三倍。

速度最快的特制汽车：超音速推进号（1997）保持着陆地上的高速纪录。它的最高时速可达1 228千米，超过了音速。

3秒钟总结

不像火车，汽车能够不分昼夜地把人送到他想去的任何地方。

内燃机是为车辆供能的办法

在内燃机中，燃料在多个气缸的一个内燃烧，推动活塞从而推动轮胎转动

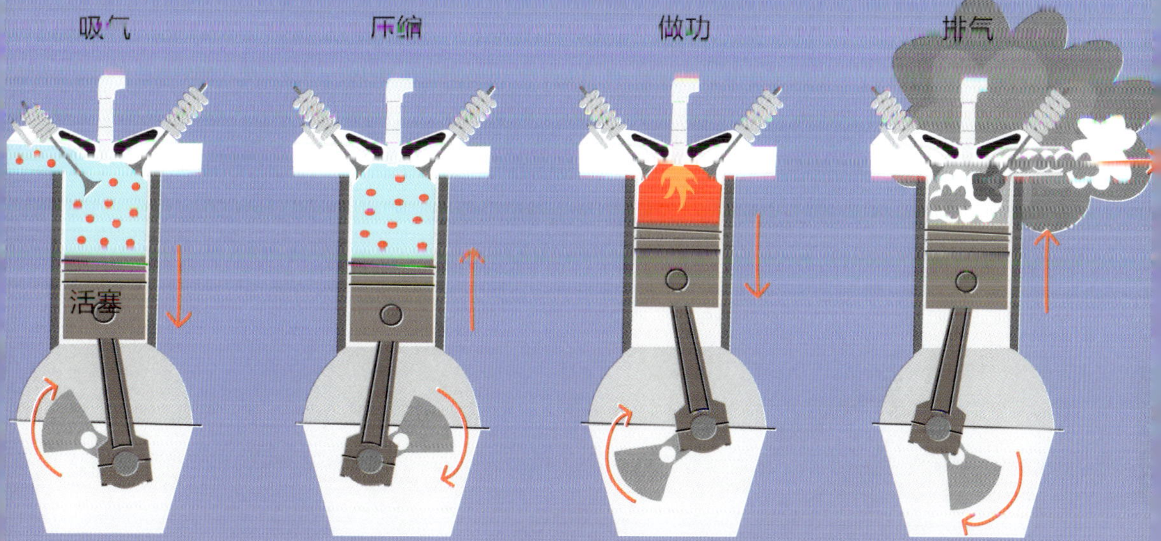

随着活塞下降，空气和燃料被吸入气缸中

活塞上升，空气和燃料被严重压缩

一个火星引燃燃料，推动活塞下降

上升的活塞推出爆炸的残留物（尾气）

现代“混合动力”汽车拥有一个电机和一个内燃机

奔驰一号“汽动马车”（1885）

福特T型车（1908）

现代混合动力汽车

飞机

30秒大揭秘

人们花了很多个世纪尝试飞行，他们中的大部分，除了坠落别无成就。主要的问题是发明者们想要模仿鸟类的飞行，通过扇动翅膀来升空。但人类的肌肉不够强壮，无法带动类似飞鸟双翅的东西，而制作可以扇动翅膀的机器尤其困难。

最早人们乘坐热气球或是简单的滑翔翼离开地面，但这两种飞行器更倾向于没有目的地漫游，而不是飞往飞行员指定的方向。人们真正需要的是有动力的飞行机器。1903年，奥维尔·莱特在他的兄弟威尔伯的帮助下，搭乘世界第一架飞机成功升空。尽管飞行时间很短，但这宣告：天空被征服了。在短短数十年间，飞机飞遍了世界所有天空。

早期的飞机都是由螺旋桨推动的，这也限制了它们的速度，但在1930年，一个叫弗雷德·惠普尔的工程师发明了涡轮喷气发动机。在1947年，喷气式飞机首次进行超音速（比声音的传播速度还要快）飞行。现在所有的大型飞机都是由涡轮喷气发动机推动的。

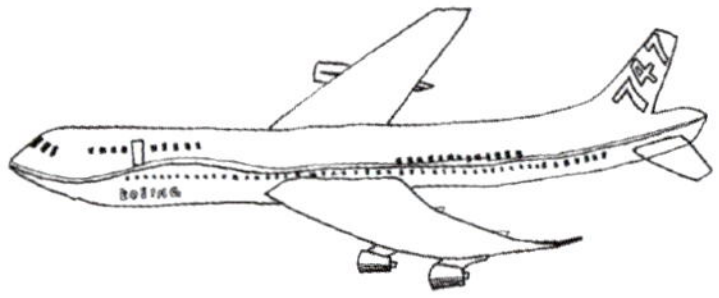

3秒钟总结

飞机能够让人们以极快的速度穿越任何类型的大陆和海洋。

3分钟任务

为高速设计的形状

飞机机翼的形状对它能飞多快有影响。使用两张一模一样的长方形纸片，制作一宽一窄两个纸飞镖（一个从长边开始做，一个从宽边开始做）。观察哪个飞得快。试着做更窄的纸飞镖，观摩它们的飞行速度是否存在极限。

随着时间的流逝，飞行机器飞得更远也更快了

蒙戈尔菲耶兄弟（法国，1783）：最早的载人热气球

莱特飞行者一号（美国，1903）：最早的有动力飞行器

螺旋桨推动飞机向前

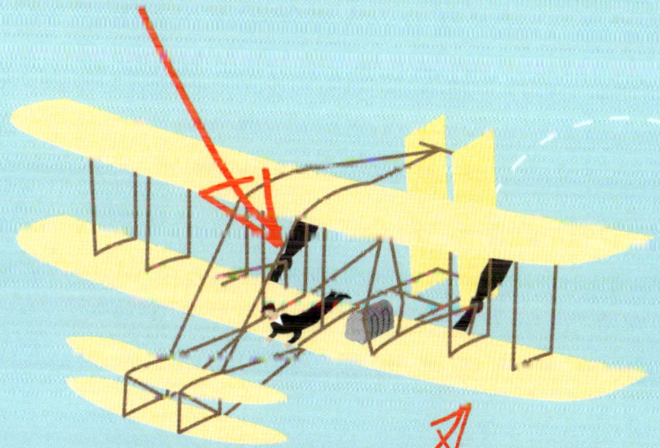

倾斜的机翼推动空气向下，机翼向上，从而使得飞机获得升力

海因克尔HE-178（德国，1939）：第一架喷气式飞机

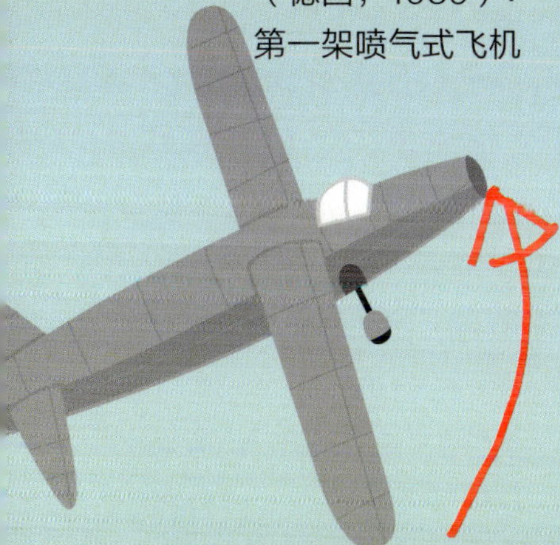

喷气式引擎发动时，吸入引擎前部的空气并从后部推出，推动飞机向前

贝尔X-1(美国，1947)：第一架超音速飞机

强大的引擎和流线型机身让这架飞机在空中轻松飞行

宇宙飞船

30秒大揭秘

人类对于探索有着天然的兴趣，当我们去过地球的每一个角落后，就只剩下太空还没有被人类探索了。但我们该怎么去呢？飞机没有用处：它们需要空气才能飞行，但太空中没有空气。我们只能通过火箭到达太空。

1926年，一位美国的工程师罗伯特·戈达德发明了一种火箭，它靠自己携带的氧气燃烧液体燃料来飞行。戈达德的发明开启了太空时代。从此以后，火箭及它推动升空的宇宙飞船稳步发展。

第一艘载人宇宙飞船发射于1961年，是苏联的东方1号，它搭载着宇航员尤里·加加林绕地球一周。八年后，一艘巨大的宇宙飞船——阿波罗11号，由火箭推进升空，将三位宇航员送上了月球。此后，宇宙飞船探索了太阳系中的所有行星和许多卫星，将宇航员送入空间站，甚至带游客做环绕地球的假日游览。尽管在太空中有许多方式（包括引力、电力和太阳能）可以推动宇宙飞船，但火箭仍然是将它们送入太空的唯一方法。

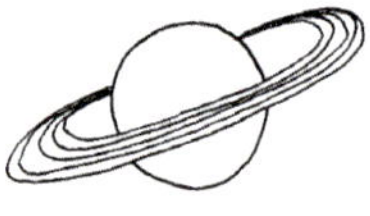

3秒钟总结

宇宙飞船帮助人们登上月球，如果时间足够，它能带我们去任何地方。

3分钟任务

制作以气球为动力的火箭

你需要：8米长的钓鱼线、1根吸管、1个长气球、胶带、1位成人助手

将钓鱼线穿过吸管，并将线的一头固定在6米外的树上，让线能够绷紧。给气球充气，并把它的尾端缠紧（以防漏气）。用胶带将气球尾端包在吸管上。将气球拉到线的一端，然后松开尾端缠线。

巨大的土星5号运载火箭在20世纪60年代和70年代把人送上月球，它内部搭载着被称为舱的其他宇宙飞船

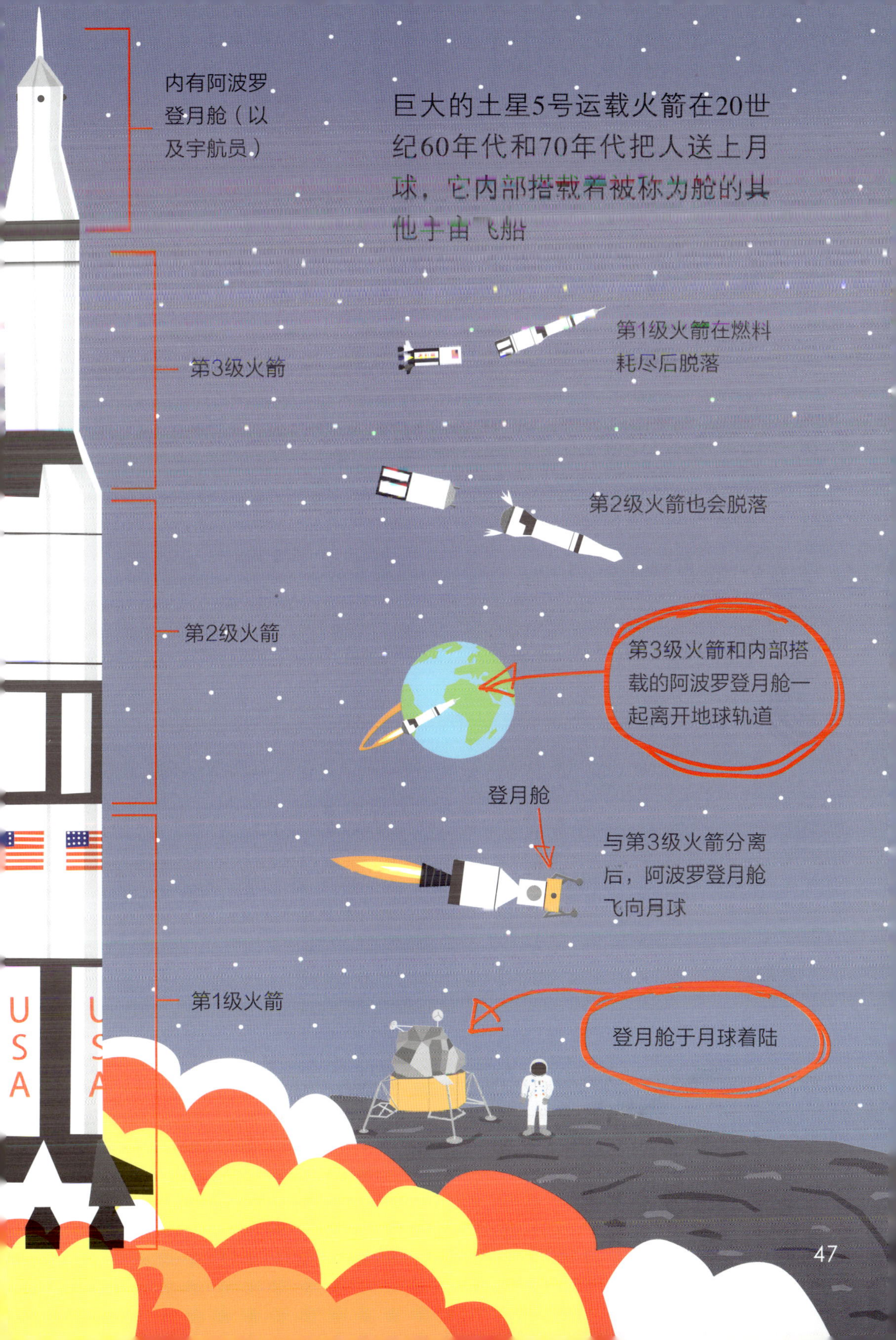

找寻

数千年来，我们一直在尝试理解这个世界，而许多发明都是为了帮助我们找到知识。今天，我们可以仔细检查生物的内部，通过轨道卫星看见我们的星球，凝视数亿千米之外的星辰，并利用威力强大的计算机在这些观测结果之间寻得意义。

望远镜

30秒大揭秘

我们对于宇宙已经有些了解了，包括宇宙是怎么来的，它有多大，地球又在其中处于什么位置。将这些知识给予我们的发明就是望远镜，一种能让我们看得更远，也能看到更暗的物体的装置。

德国的眼镜制造商汉斯·立博西在1608年发明了望远镜。第二年，意大利科学家伽利略·伽利雷制作了更好的望远镜。几夜之间，他就发现了许多前人没有记录的星星，比一万年来人们发现的还要多。此后，望远镜不断地完善，有些甚至拥有了看到相隔半个宇宙的世界的能力——那可是亿万千米以外的世界。

望远镜的秘密是透镜，它是打磨好的透明物质（例如玻璃），可以改变穿过它的光线的方向。伽利略的望远镜用了两片透镜，大的那片用来收集光线，小的那片让光线聚焦到眼睛附近。1671年，艾萨克·牛顿将那片大的透镜替换为曲面镜，而现在所有的大型望远镜都是基于他的设计发展而来的。

3分钟任务

制作望远镜

你需要：1个小的放大镜和1个大的放大镜

选取一个清晰的物体，例如夜晚的街灯，或是白天地平线上的一棵树。将小的放大镜放在一只眼睛附近（如果你愿意的话，可以闭上另一只眼）。将大的放大镜放在小的附近，再逐渐将大放大镜拉远，从两片透镜中观察你的目标物体，直到物体轮廓和本身都变得清晰。

切记，不要直视太阳！

3秒钟总结

望远镜放大了远处的事物，为我们打开了新世界的大门。

用来探索夜空的望远镜有两种主要类型

折射望远镜有两片透镜

反射望远镜有一面镜子和一片透镜

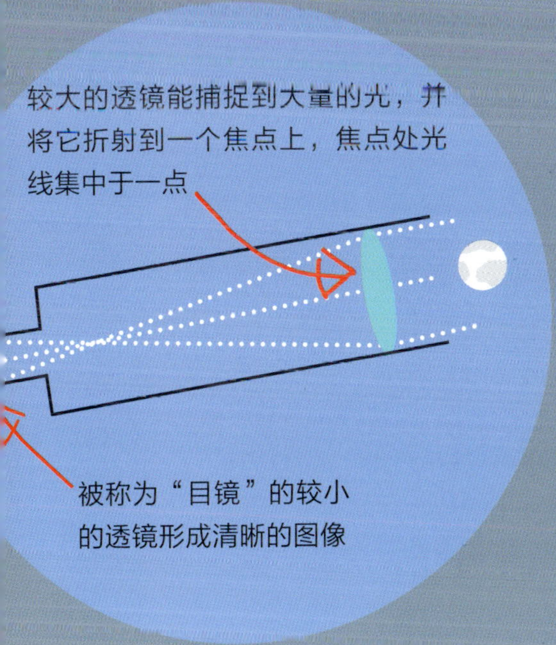

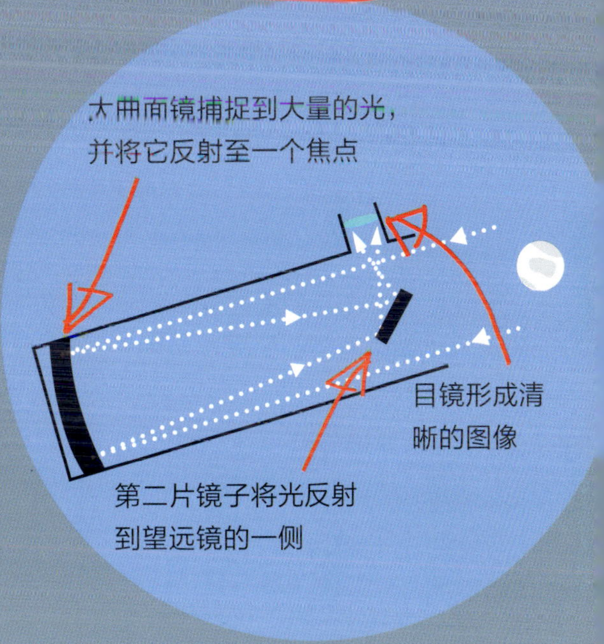

X射线

30秒大揭秘

1895年，德国科学家威廉·伦琴在一次意外中发现了X射线。他在使电流通过管子的时候，发现附近的一块屏幕上有奇怪的微光。这个微光随着他将电流接通出现，随着他切断电流消失，所以他认为这种不可见的射线——X射线，一定从管子移动到了屏幕处。

当伦琴检测这种射线时，他发现它能够轻易地穿过某些光线无法穿过的物体，比如人体。但它无法穿透骨头，这种特性导致了一个大突破。如果你将一个人放在X射线源头和显像的平台之间，他的骨头可以阻止射线通过，形成X射线的图像。最早的X射线图片是伦琴妻子的手。她害怕地呻吟道："我看到了自己的死亡。"

X射线从此被用来窥探人体内部的秘密，帮助拯救了许多生命。不过，它现在有了更多的用途，包括用于天文学和探索原子团的结构。

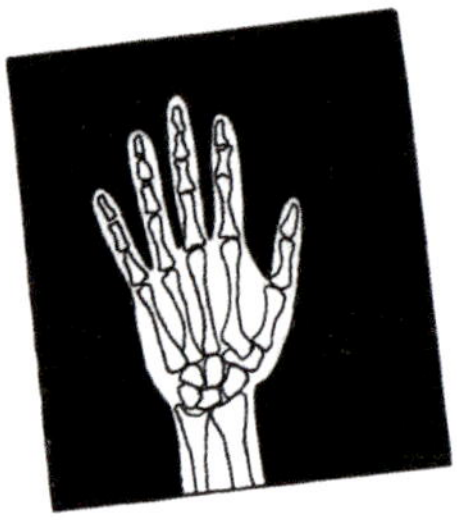

3秒钟总结

X射线是一种不可见的射线，能够让我们看到自己身体内部的情况。

3分钟任务

看穿你自己

找一个非常亮的手电筒，并且越大越好。在一个黑暗的房间内，将你的手放在手电筒的灯上并打开它。就像X射线一样，明亮的光线能够穿透你的身体，但无法穿透你的骨头。所以你多多少少能见到伦琴夫人看见的景象。

X射线的发现改变了我们对自身以及周围世界的看法

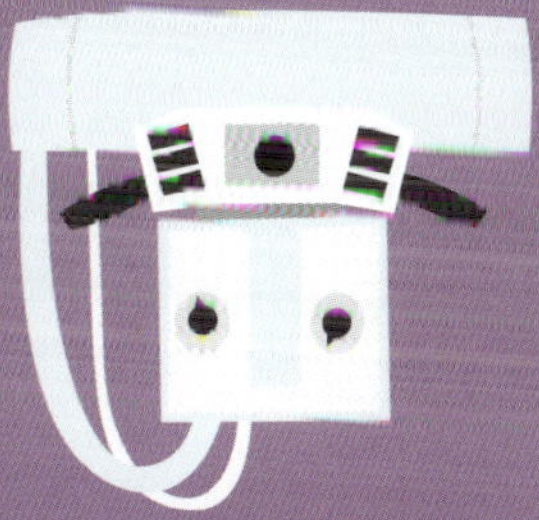

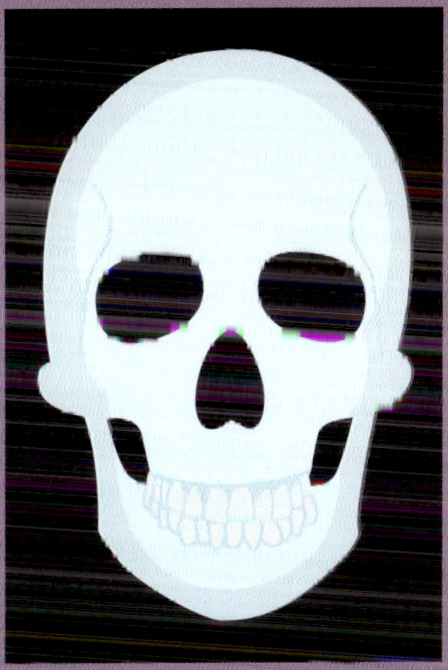

X射线机让医生能够看到患者皮肤以下的情况，而不需要开刀

钱德拉X射线观察站围绕地球运行，探测很久以前恒星爆炸所产生的X射线

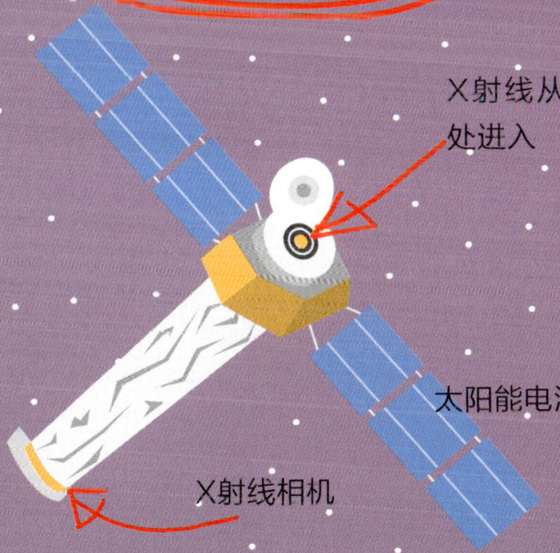

计算机

30秒大揭秘

查尔斯·巴贝奇是个聪明人，但是不太有耐心。尤其令他丧失耐心的事情是出现许多错误的数学表格。建筑桥梁、银行业务……各种各样的事情都需要这些表格。因为这些错误都是人为的，所以1812年巴贝奇决定制造一台可以计算并打印这些表格的机器。

在这台机器（被称为“差分机”）被造出来以前，巴贝奇有了一个更加聪明的主意。比起建造一台只能够计算数学表格的机器，为什么不设计一台可以通过编程去计算任何东西的机器呢？巴贝奇把这种机器命名为“分析机”，而我们叫它计算机。令人悲哀的是，巴贝奇并没有在制造他的机器上取得多大的进展，部分是因为，这台机器本质上是机械结构，需要大量精确制造的齿轮。

一旦人们发明了新的电子设备，他们就开始重新尝试制作计算机。最早的计算机是20世纪40年代被制造出来的，而且只能够用来做计算。但是今天的计算机可以处理各种类型的信息，而且它们无处不在——在你的电视中，你的手机里，你的相机里和你的音乐播放器中。

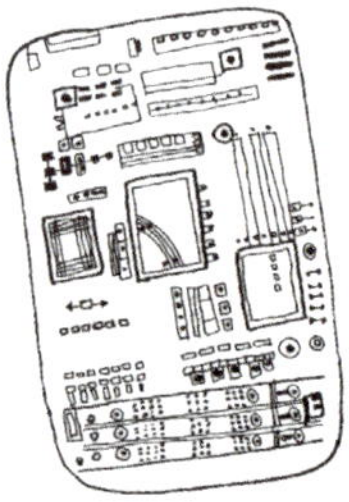

3秒钟总结

计算机处理信息比我们更好也更快。

3分钟任务

压缩信息

每台计算机都在处理信息，而且经常是大量的信息。为了节省空间和时间，它们经常“压缩”信息，这样信息依然有意义，但占据的空间更少。

试试看：用拼音写一个完整的长句子，接着再抄一遍，不过这次不要用韵母。这个句子还有意义吗？想要知道答案，找个朋友，看看他是否能理解压缩后的这句话。

最早的计算机很大，也不可靠，但又快又小又靠谱的计算机不断地被制造出来，而且变得更小、更强大

世界上最早的计算机——查尔斯·巴贝奇的分析机是机械结构的，需要用齿轮来进行计算

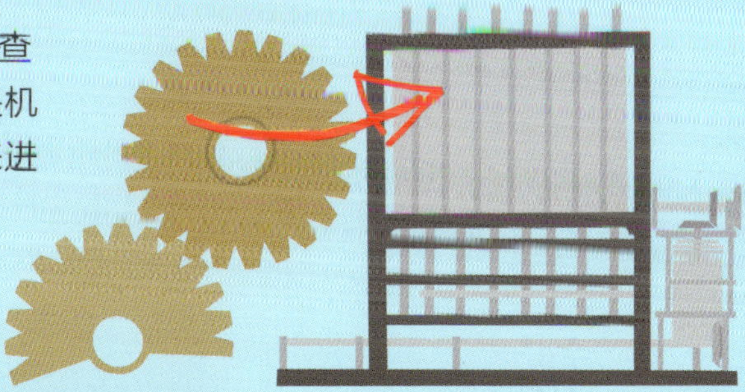

最早的计算机，例如20世纪40年代的军用计算机ENIAC，非常庞大。ENIAC有好几个房间大，并使用超过23 000个电子部件来进行计算

在如今非常强大的计算机中，计算机的“大脑”（中央处理器），只需要一只蜜蜂那么大的芯片就能够放得下

卫星

30秒大揭秘

卫星是指在太空中围绕地球运动的物体。月亮就是地球的天然卫星，不过卫星也有人造的，通过宇宙飞船被放入围绕地球的轨道。最早的人造卫星名为“斯普特尼克1号”，1957年由苏联送上太空，部分是为了向它的劲敌美国展现领先的科技水平。很快，两个国家发射了更多的人造卫星。

一旦卫星在太空被释放，它将会稳定地沿轨道前进。不需要任何外力帮助它保持前进；离地球越远，卫星移动得越慢。

卫星和地球通过发送和接收无线电波来进行沟通。卫星有很多功能，有些是轨道望远镜，或者负责天气预报，告诉人们他们所在的位置（全球定位系统），侦察敌国的信息，或者从一块大陆传输电话信号、因特网数据、电视节目到另一块大陆。有些卫星上甚至有人生活，这类卫星被称为空间站。

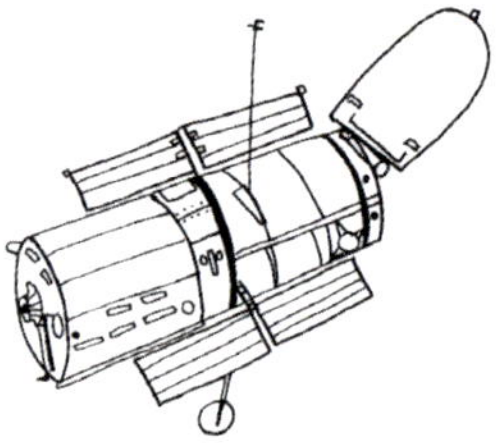

3分钟任务

卫星的速度

取一个大而轻的塑料盘子，在上面放一个网球。移动塑料盘直到网球开始平稳地沿着盘子的边缘移动。如果你转得太快或太慢会发生什么？

卫星也是这么运行的。如果要沿着轨道前进，它们必须以正确的速度运动。如果运行得太慢，地球的重力将会把它们拉向地面（就像它将网球拉向盘子的中心一样）。太快的话，它们就会脱离自己的轨道，飞向更远的太空。

3秒钟总结

卫星围着地球运转，它让人们保持联系、进行研究、侦察敌情等。

卫星沿轨道围着地球运动，
并且有各种各样的功能

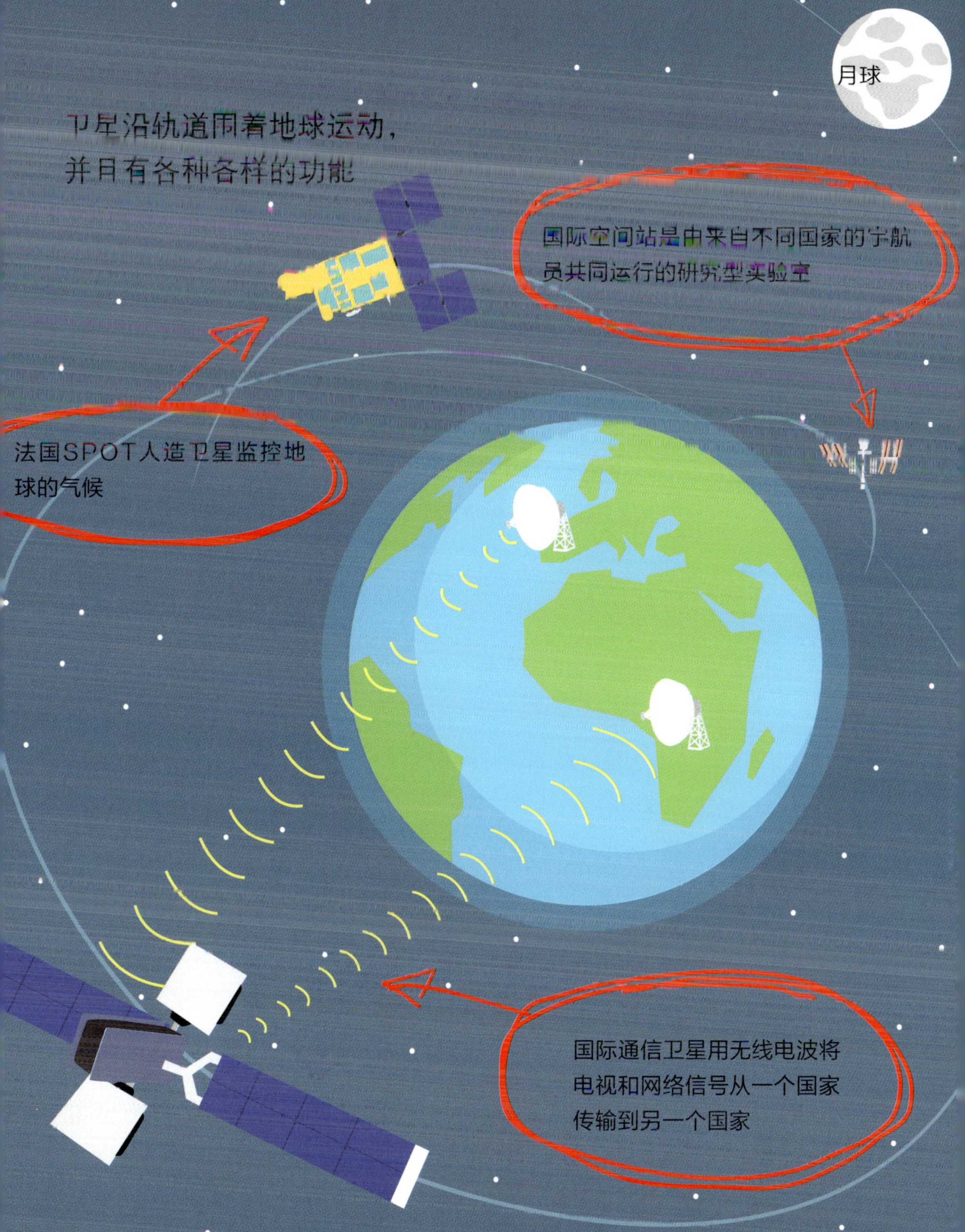

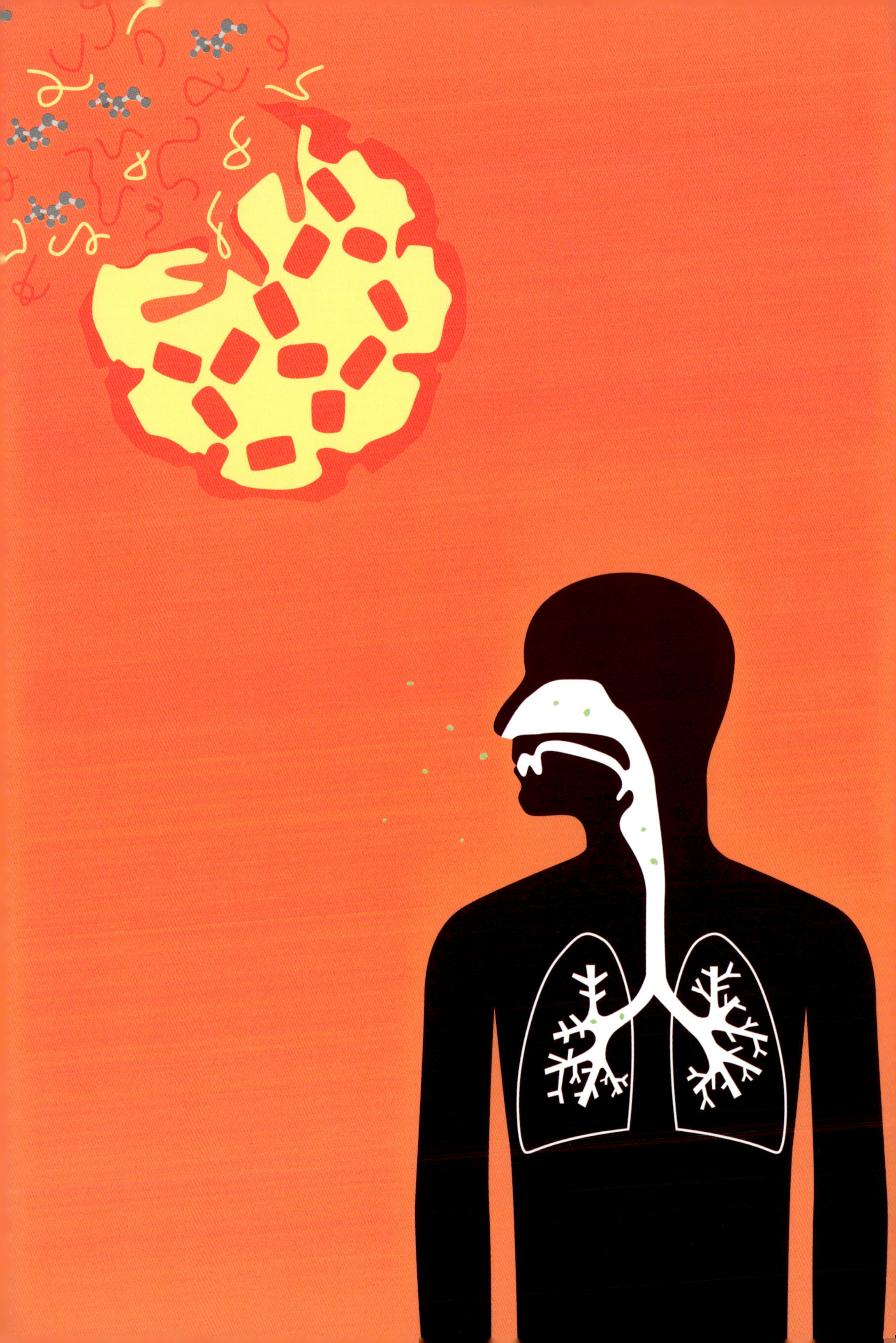

医药

毫无意外，医药治疗总是在“人们希望的发明”中名列前茅。和其他领域的发明一样，最早的突破性发明来自自然产物，它们内含有效的成分。但随着人们对于科学了解得越来越多，他们能够设计出定制治疗和处理方案，所以现在的医生有能力治疗绝大多数病症。

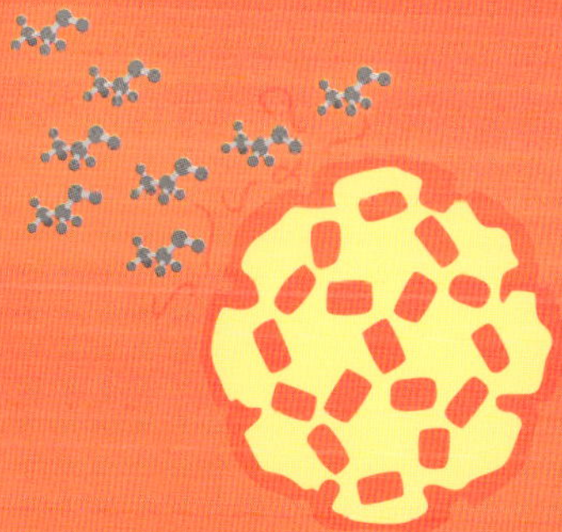

疫苗

30秒大揭秘

爱德华·琴纳与大多数生活在18世纪的医生一样，面对着许多令他束手无策的病人。这些病人感染了致命疾病天花，纵使人们逃过一劫，也会在脸上留下可怕的疤痕。

在18世纪60年代，琴纳决定去调查一则奇怪的传言：挤奶工从来不会感染天花。也许这是真的呢？他如此想到。琴纳知道挤奶工都深受另一种来自奶牛的疾病的困扰，也就是牛痘。尽管令人不悦，但牛痘不是致命的疾病。这是他们不得天花的答案吗？

琴纳开展了一项危险的实验。他用挤奶工患牛痘时产生的水疱上的脓液，感染了一个健康的男孩，接着让他接触了天花病毒。他发现这个男孩并没有染上致命的天花，后者对天花“免疫”了。琴纳的成功拯救了千万条生命，时至今日，我们依然采用近似的方法来防治天花。

3秒钟总结

疫苗让你的身体知道如何对抗感染。

小知识

疾病杀手

疫苗自诞生之日起拯救了数不胜数的生命。狂犬病——通过动物咬伤传染的致命疾病——疫苗1885年被研制出来，是用已感染狂犬病的兔的神经制成的。同一年，霍乱——一种在19世纪早期杀死了数以千万计的人的疾病——疫苗也被研制出来。伤寒疫苗在1896年出现，并在第一次世界大战中被用来治疗士兵。多亏了疫苗，在琴纳的发现过了两个世纪后，天花最终在世界范围内绝迹了。

疫苗可以防治多种疾病，
从麻疹到流感

当流感疫苗被注射进人体时，它将抗原，也就是微弱的病毒颗粒送进血液中

身体产生免疫细胞，与抗原结合

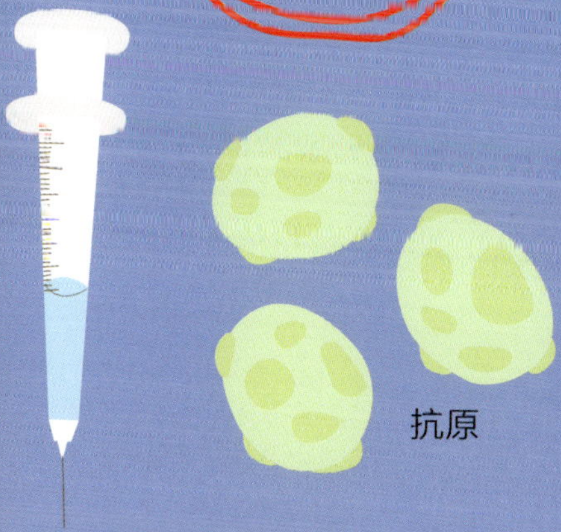

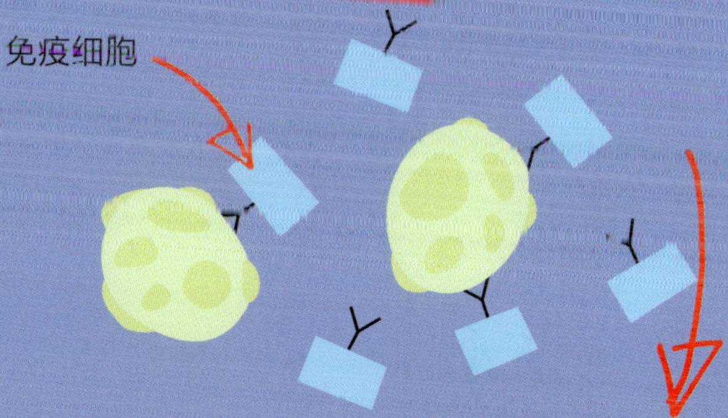

当完整的流感病毒被人体吸入时，免疫细胞已经做好了准备

免疫细胞识别并杀死病毒

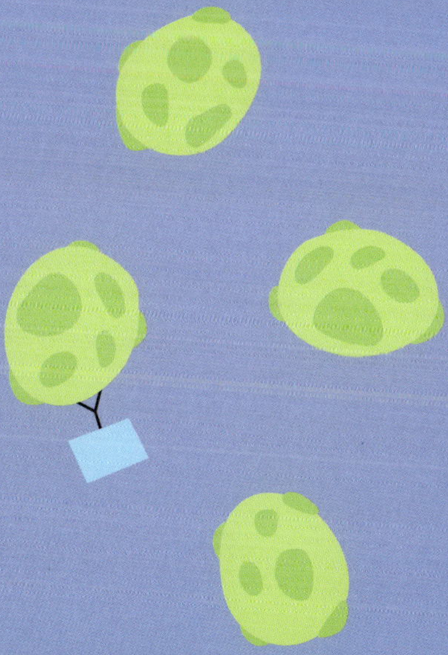

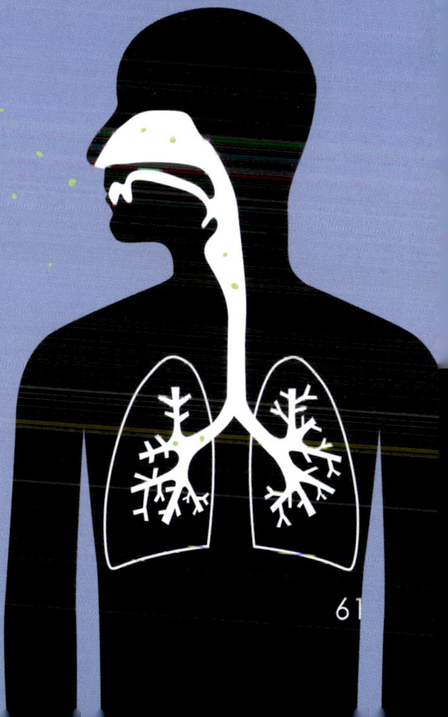

止痛药

30秒大揭秘

几百年之前，医学手术也就比酷刑好上一丁点儿。如果你的腿被感染了，你会被按住做一个锯掉它的手术，接着你的残肢会被浸泡在热的沥青之中。

1799年，名为汉弗莱·戴维的发明家有了突破。他发现氧化亚氮这种气体对人有种奇怪的效果，能让人咯咯笑个不停，同时也能减轻他们的痛感。后来，人们发现了效果更好的化学成分，有些甚至能让人陷入深睡，感觉不到一丝疼痛。

所有这些止痛的化学品不仅仅让病人能够忍受一场医学手术。一位平静的或是睡着的病人会让手术进行得更好，医生也能操作得更仔细，各式各样的新手术才得以实施。

自从1897年阿司匹林被发明出来，一般的头疼也变得可以治疗了。如今，止痛药成了药物的主要部分，绝大多数的疼痛都能被缓解或消除。

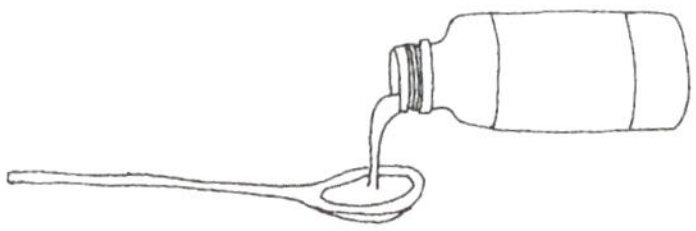

小知识

止痛药发明前的手术

在19世纪以前，人们不到万不得已的境地，是不会选择手术的。那时没有止痛药，只有一块可以用来咬的旧木头，而且你挺过一场手术的概率也不高。在伦敦的一些医院中，进行手术的10个病人中有8个会死去——有些是由于失血过多，有些是因为感染，有些只是再没有从手术的休克中醒过来。难怪当时大多数人一听到手术就直接拒绝了。

3秒钟总结

止痛药免去了手术中的痛苦。

麻醉药被发明出来之后，手术变得安全了，痛苦也减少了

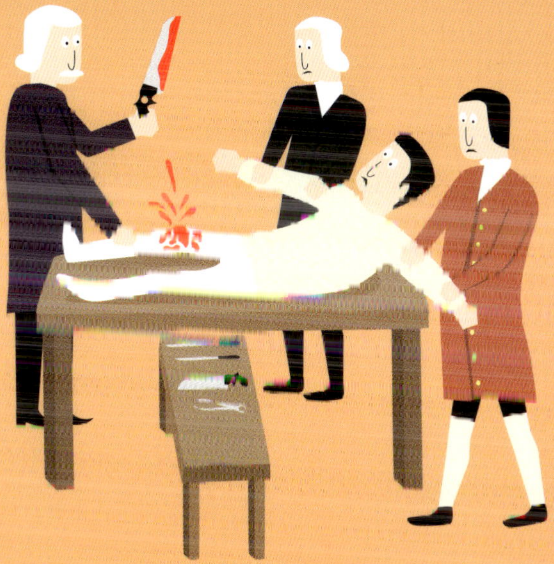

在止痛药发明前，手术只是作为最后的选择存在的

笑气是最早的“麻醉药”——一种通过阻止神经传输疼痛的信号到大脑来起作用的物质

全身麻醉药可以让人陷入沉睡，这是大型手术发展中的重大进步

抗菌药物

30秒大揭秘……

直到19世纪，科学家们——尤其是伟大的路易·巴斯德——才发现疾病是由“微生物”引起的。而如果不借助显微镜，人们就无法看到微生物。有些微生物是微小的生命，被称为细菌。另外一些是复杂的化学物质，被称为病毒。

发现了微生物，就离发现如何杀死它们不远了。举例来说，仅仅是加热牛奶，就可以让它达到无菌状态。而更为艰难的挑战是如何杀死人体内的微生物。

在手术之后，微生物经常致人死亡，所以当时手术很少进行。约瑟夫·李斯特在1867年解决了这个问题，他发现苯酚（石碳酸）是一种“消毒剂”——一种能够杀死皮肤和手术器材上的微生物的化学品。

亚历山大·弗莱明在1928年发现了世界上最重要的抗生素，但那纯粹是个意外。这种抗生素被称为青霉素，它是从蓝纹奶酪上的霉菌提取出来的。青霉素是世界上第一种抗生素，它能杀死人体内的细菌。青霉素拯救了千万条生命，时至今日仍然被使用。

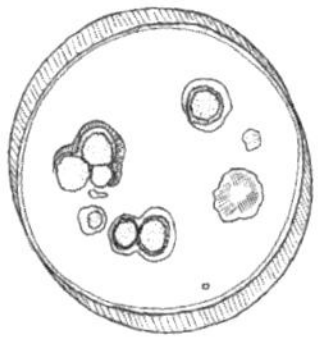

3分钟任务

培养霉菌

你需要：牛肉块、2个透明的杯子、保鲜膜、1位成人助手

制作一些牛肉块，并将牛肉块装进两个透明杯子中，均装到半满。将其中一个杯子放入微波炉中加热至牛肉熟透，等它冷却后，在杯口覆上保鲜膜。另一个杯子同样加热，但保持敞开。将两个杯子都留在温暖的地方。在一周或更长的时间之后，霉菌将会在其中一个杯子中出现，而另一个不会。微波炉加热杀死了两个杯子中所有的微生物，但灰尘给敞开的杯子带来了新的微生物，而封起来的杯子保持了无菌状态。

3秒钟总结

消毒剂和抗生素能够杀死微生物，并拯救生命。

抗生素杀死身体内部的微生物

青霉素（一种抗生素）通过破坏细菌的外膜来杀死它们。细菌的内部物质缓缓流出并死去，留下被称为“球形体”的尸体

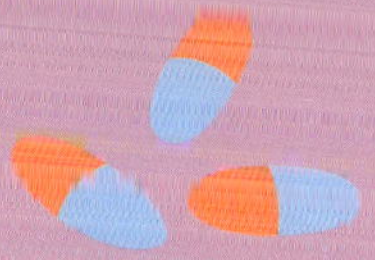

消毒剂杀死身体表面的微生物

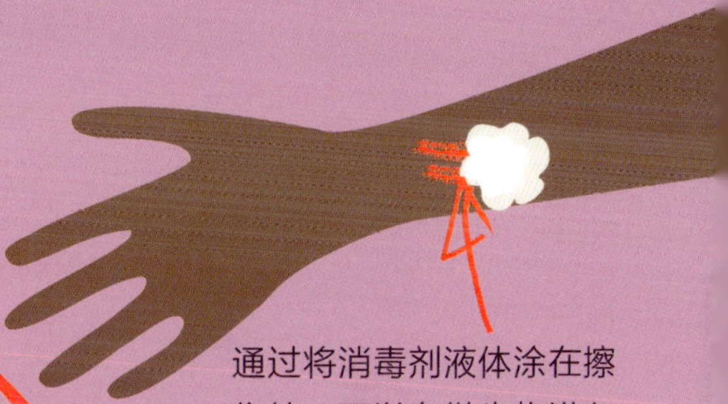

通过将消毒剂液体涂在擦伤处，可以在微生物进入人体之前来杀死它们

乙醇（一种消毒剂）杀死病毒微粒，是通过解开组成它们的缠绕的长链，使得它们崩溃来实现的

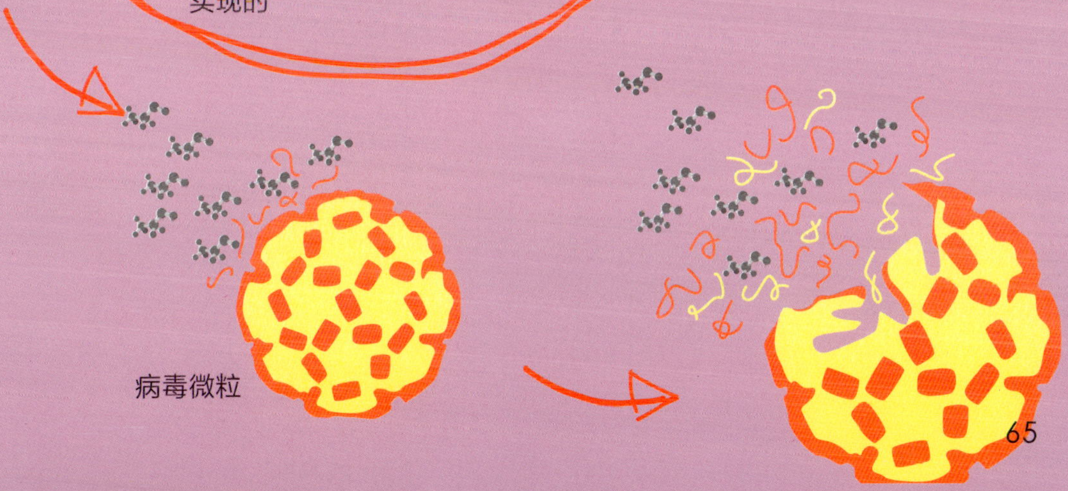

植入体

30秒大揭秘

你的身体就是一架由许多的小机器组成的机器。心脏是血液泵，眼睛是摄像机，肌肉是马达。当机器的一部分失灵、磨损或是损坏的时候，这个部分可以被替换——我们的身体也可以。

替换身体的一部分的“机器”被称为植入体。当植入体取代的是手或腿，新的部分被称为假体。简单的植入体，例如木腿或是钩手，已经有上千年的历史了，但现代的假体看上去非常像真的。发明于1964年的“肌电”设备甚至连控制假体动作的方式也和真的一样，都是通过大脑。

最早被放入人体内部的植入体是发明于1932年的起搏器。从那以后，许多其他的植入体被发明出来，包括假牙、助听器和视觉系统。在最近的几年里，科学家们开始尝试用活着的生命来培养植入体。如果他们成功了，那么也许有一天人体的每一个部分都会是可以替换的了。

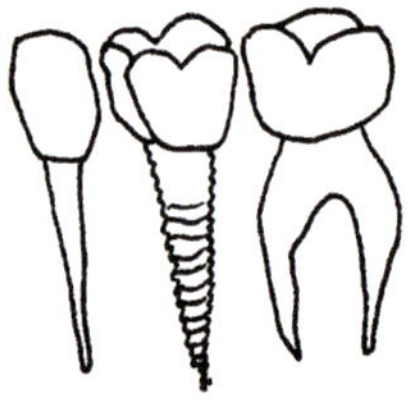

3秒钟总结

人体的许多部分都能以机器替代。

3分钟任务

设计你自己的超级植入体

在未来，植入体可能会被用来增强人体的机能：跳动更久的心脏，可以过滤污染的肺，更强大的肌肉，甚至是额外的记忆力或是能看见红外线的双眼。你会选择什么样的超级植入体？设计你自己想要的，并且把你的发明画出来，打上商标。

植入体取代人体中无法工作、损坏或者磨损的部分

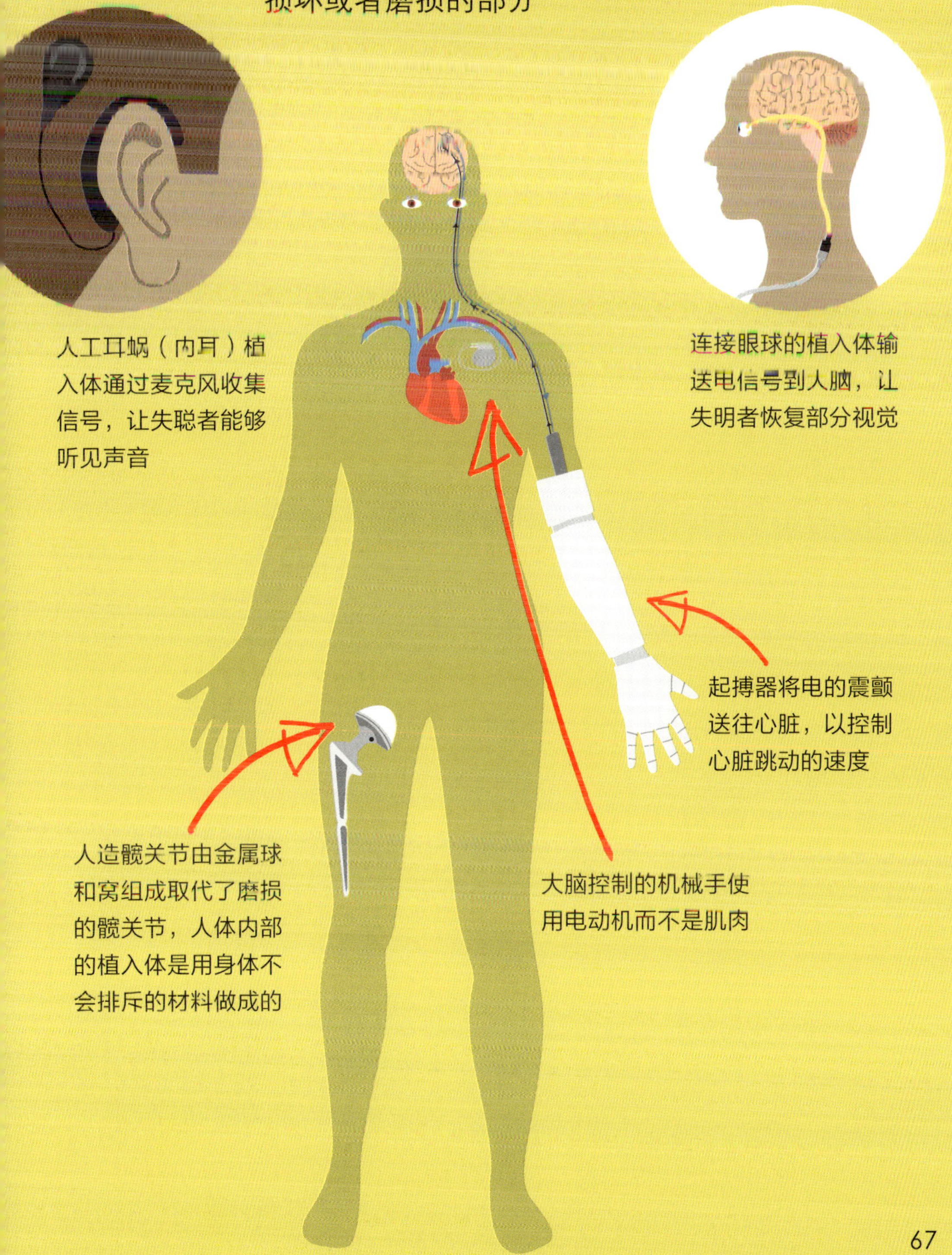

工业

从某个角度来看，我们所生活的世界是一个庞大而复杂的发明，由提供食物、制作并交易货物、建造房屋、提供能源及其他一系列的系统构成。这些系统都是工业的一部分，而工业是基于一些重大发明存在的。

晶体管

30秒大揭秘

今天大多数的小型电器——包括电视、计算机和音乐播放器——都由电流控制。这样的小型电器被视为电子产品，而组成这些电子产品的基本单元就是晶体管。

晶体管的原理很像控制水流的水龙头。根据你的需要，它能接通、断开或是增强线路内的电流。1947年诞生的第一个晶体管有好几厘米高，但如今晶体管已经小到不用显微镜根本无法看见，而且每个电子产品内都含有数以百万计的晶体管。

有人说晶体管是20世纪最好的发明。比起它们的前身真空管，晶体管更小、更结实耐用、运行速度更快、更便宜而且需要的能源更少。所以电子产品也变得更小、更结实、更快并且更便宜了。如果没有晶体管，我们的汽车、洗衣机和计算机将会非常大，并且非常不可靠。而那些便携装置，例如手机和笔记本计算机将不复存在。

3秒钟总结

晶体管使得小型电器变得更小、更快、更便宜并且更好。

小知识

摇滚电台

收音机被晶体管改变了。老式收音机价格昂贵，庞大、沉重，而且无法移动。1954年出现的晶体管收音机既便宜又小巧，而且能够用电池，这就意味着人们可以走到哪儿听到哪儿，想什么时候听就什么时候听。这一切都要归功于晶体管。难怪这种革命性的新式收音机被简单地称为“transistors”（“晶体管”的英文原文）。

我们身边到处都是晶体管，它不只存在于计算机里，从电梯到直升机的所有电器之中都有它的存在

电视和收音机是最早的家用晶体管产品

多亏了晶体管，计算机变得更小、更便宜，功能也更加强大了

每一年晶体管都在变小，甚至一个迷你音乐播放器也拥有数以百万计的晶体管

核反应堆

30秒大揭秘

1902年，玛丽和皮埃尔·居里夫妇二人在一种谜一般的黑色矿物——沥青铀矿中，成功提取了一种奇怪的新化学品。这种物质能在黑暗中发光，并且持续发热。会有这些特性是因为它的成分之一是镭，一种放射性物质，会辐射。

放射性原子通过分离（破碎）产生热量。每次分解都会产生中子——一种子弹般的微型分子。这将引发更多次的分解，并产生连锁反应释放出热量。设计核反应堆的关键在于控制这些中子以得到合适的热量。

科学家利奥·西拉德1942年在美国芝加哥大学协助建造了世界上第一个实验性的核反应堆，这个反应堆使用的放射性元素是铀。这个发明取得了成功，在20世纪50年代，好几个国家建造了核反应堆。它们能提供大量能量：1克铀－235能够带来和3吨煤炭一样多的能量。现在核反应堆提供的电力，在世界总电力中占比超过了11%。

3秒钟总结

核反应堆使用了被锁在原子内部的能量来产生电流。

3分钟任务

制造核反应堆

你需要：10个网球、9个卫生纸卷芯

将9个卷芯立在一起，每个卷芯上放一个球。在这些球的上面，转动没有放在卷芯上的那个球。这些球就像是中子，一旦放开，它们会释放出更多中子。你能够让所有球一起掉落吗（就像是核弹）？或者一个接着一个掉落（就像是核反应堆）？如你所见，核弹可比反应堆好造多了。

核反应堆利用核裂变产生能量

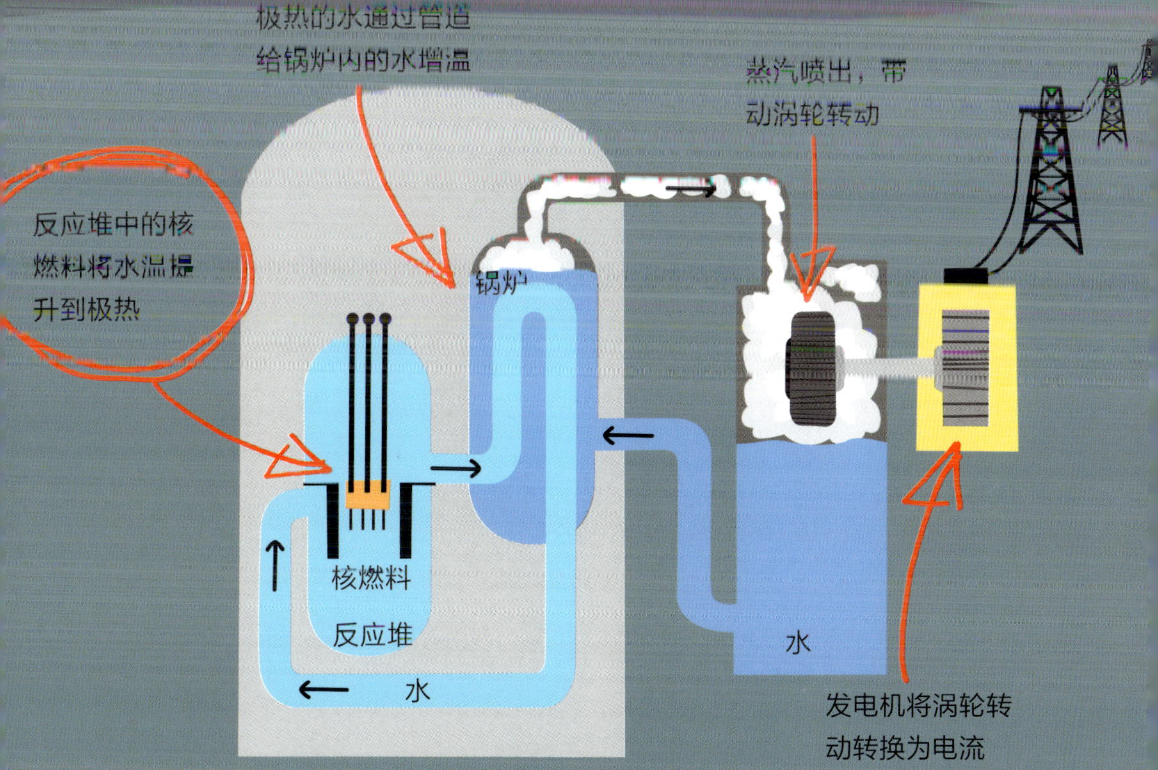

当一个中子击中铀原子并将它分开时，核裂变就发生了，这将释放出能量和更多的中子

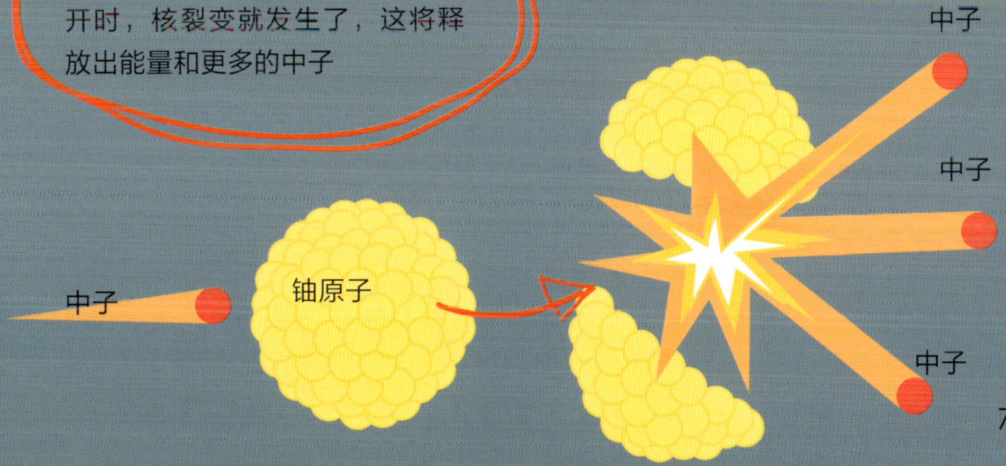

激光器

30秒大揭秘

激光器能产生一种特殊的光：单色，光束很难散开，这样光线可以聚集在一个很小的点上，能量变得非常强。阿尔伯特·爱因斯坦在1917年就想出了基本的框架，但第一个可用版本，要等到1960年才被名为西奥多·梅曼的科学家发明出来。

梅曼的激光器由两面对放的镜子构成，镜子之间是一块红宝石。一道光射向红宝石，让它发出红光。它发出的部分红光射向其中一面镜子，镜子反射红光穿过红宝石射向第二面镜子。这道光会继续在两面镜子之间反射，每次在穿过红宝石的时候都会变得更亮。最后，它会以一道极其明亮的红光——世界上第一道激光光束——的形态溢出。

在1960年，没有人知道激光器有什么用。人们将激光器看作“一个寻找难题的解决方案”。但现在激光器可以用在各种事情上，从眼科手术到切割金属，甚至可以用在测量距离上，其精度前所未有。

9 0123456789

3秒钟总结

激光器制造了一种新型光线。这种光线是完全人造的，并且成为工业和科学的有力工具。

小知识

人造太阳

世界上最强大的激光器在美国的加利福尼亚州。它被用在摧毁太阳的主要组成部分——含有氢元素的微型颗粒上。强烈的激光束将这些微型颗粒加温到几百万摄氏度，人们希望能够借此启动一种核反应，这种反应同样也为太阳提供能量。

激光器中射出的光线与自然中任何一种光线都不一样，它也能做到其他自然光线做不到的事情

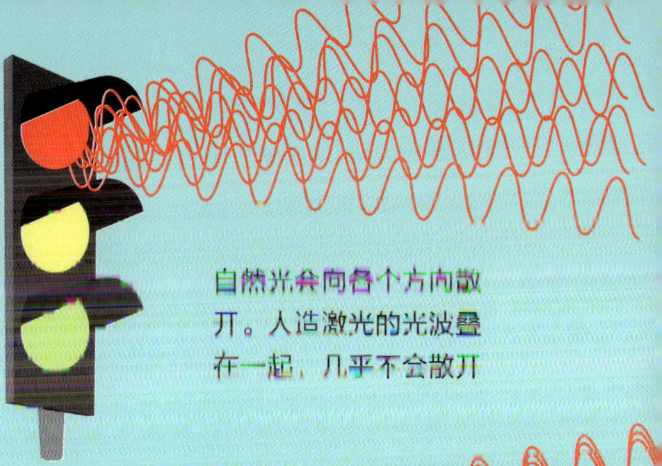

自然光会向各个方向散开。人造激光的光波叠在一起，几乎不会散开

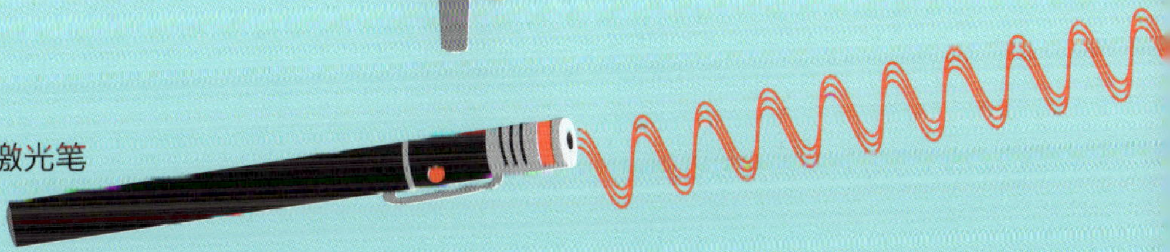

激光笔

有四种不同级别的激光器，从第1级（最弱）到第4级（最强）

第2级：条形码扫码器

第1级：光盘（CD）和数字影碟（DVD）的播放器

第3级：灯光秀中的激光

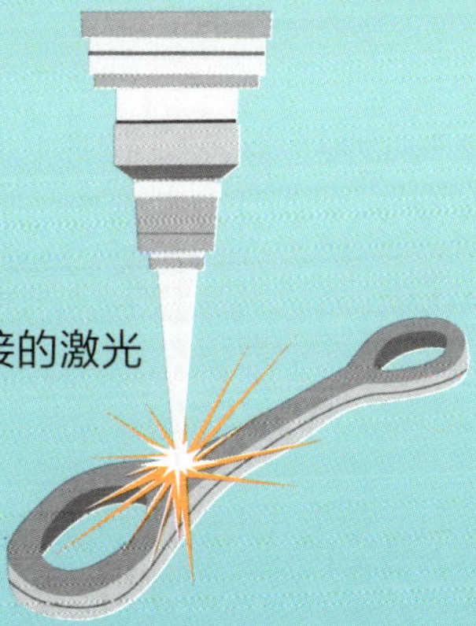

第4级：用来焊接的激光

机器人

30秒大揭秘

整个20世纪，全世界都在兴建工厂，随着工厂一并到来的，还有重复、无聊甚至有时非常危险的工作。自动机器的到来，改善了这个情况，但这些机器也存在问题，它们被设计出来，只能做特定单一的任务。

然而，在1961年，一种新型机器开始在美国的汽车工厂中投入使用。它被称为“通用机械手”（UNIMATE），并且可以通过编程来做许多不同类型的工作。世界上的第一台工作机器人就这么诞生了。机器人和我们有很多相似之处：它们有大脑（计算机）、肌肉（电动机）、感觉（传感器）和动力来源。

今天，有很多类型的工作，例如制造车辆、计算机，几乎完全是由机器人完成的。机器人不仅仅从人类手上接管了工厂，还在其他很多工作中表现得比人类好，包括太空探索、维修海底电缆、拆除炸弹以及复杂手术。

3秒钟总结

机器人能在许多工作中表现得比人更好。

3分钟任务

设计机器人

首先，你需要明确你想让你的机器人做什么：是打扫房间，还是帮你完成家庭作业，或是爬树、帮你遛狗？

你的机器人需要哪种类型的“执行器”（手臂/手掌）：自带的真空吸尘器？触手？套索？轮子？

你的机器人将如何感知周围环境？这不需要局限在人类的感官之上——它能够接入无线网络或是有自带的雷达。

把你的发明画出来，并打上商标。记住你需要给机器人配上计算机做大脑，以及动力来源。

机器人改变了我们的生活，我们可以对它们编程，使它们能够做对人类而言单调、危险，但确实有用的工作

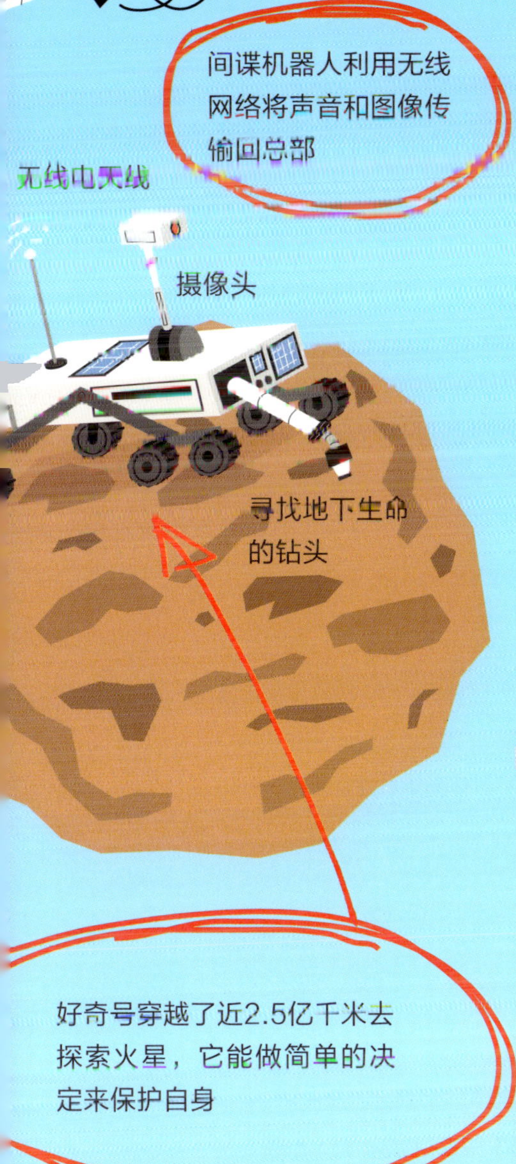